BIBLIOTHÈQUE INTERNATIONALE

AMY FAY

Lettres Intimes
d'une Musicienne
Américaine

TRADUIT DE L'ANGLAIS : (*MUSIC STUDY IN GERMANY*)

Par Mme B. SOURDILLON

Première traduction française après plus de 30 Éditions à l'Étranger

PRÉFACE DE **M. Vincent D'INDY**

PARIS

DUJARRIC ET Cie, Éditeurs

5o, RUE DES SAINTS-PÈRES, 5o

—

1907

Lettres Intimes

d'une Musicienne

Américaine

BIBLIOTHÈQUE INTERNATIONALE

AMY FAY

Lettres Intimes d'une Musicienne Américaine

TRADUIT DE L'ANGLAIS : (*MUSIC STUDY IN GERMANY*)

Par Mme B. SOURDILLON

Première traduction française après plus de 30 Éditions à l'Étranger

PRÉFACE DE **M. Vincent D'INDY**

PARIS

DUJARRIC ET Cie, Éditeurs

5o, RUE DES SAINTS-PÈRES, 5o

1907

NOTES BIOGRAPHIQUES

sur AMY FAY.

Miss Amy Fay, fille de parents accomplis et bien doués, est née à la Louisiane et a reçu l'éducation donnée aux membres de la société la plus cultivée de la Nouvelle-Angleterre; son père était l'érudit Charles Fay D. D., fils du juge S. P. P. Fay, de Cambridge, Mass, et sa mère, l'excellente musicienne Emily Hopkins Fay, fille du Bishop John Henri Hopkins, de Vermont, connu dans son temps sous l'épithète « l'évêque dilettante » de l'église épiscopale.

A l'âge de quatre ans, la petite fille commença à jouer du piano, à composer, et pendant ses années d'école, l'étude de la musique n'était pas pour elle une tâche imposée, mais une joie et une récréation. Devenue jeune fille, elle alla à Berlin, où le grand Tausig enseignait, afin de se perfectionner sur le piano, son instrument de prédilection.

Pendant quatre ans, elle étudia avec le plus grand zèle sous la direction des maîtres les plus éminents d'Europe — Tausig, Kullak et Liszt — et, à cause de sa difficulté exceptionnelle à se rendre maître de l'exécution mécanique, elle consacra deux années de plus à l'étude analytique de la partie technique sous la surveillance du profond et scientifique musicien qu'était feu Capellmeister Deppe, de Berlin. Deppe s'éleva ensuite à la plus haute situation de sa profession — étant, à différentes reprises, directeur de l'Opéra Royal, à Berlin, puis professeur de piano de l'impératrice d'Allemagne et d'autres importants personnages de la Cour, directeur de l'orchestre de Stern, etc., etc.

Miss Fay a fait part de ses impressions à sa famille, dans ses lettres, et ces dernières ont été réunies par sa sœur en un volume charmant, les *Etudes musicales en Allemagne*, dont la grande popularité se soutient (1).

Ce volume a été publié sous l'influence du poète Longfellow; il a eu l'honneur d'être traduit en allemand sur la requête de Liszt. Il est aussi connu

---

(1) C'est de ce volume que nous donnons ici la traduction sous le titre de : *Lettres Intimes d'une Musicienne Américaine*, qui nous a paru convenir mieux à l'ouvrage.

en Allemagne qu'en Amérique, et il a été publié
à Londres par Mac Millan, qui en a fait paraître
plusieurs éditions.

. . . .

En 1885, à Weimar, Liszt a exprimé lui-même à
Miss Fay le grand intérêt qu'il prenait à son
analyse des principes techniques de Deppe contenue
dans ses Etudes Musicales, le présent volume. En
fait, les principaux points de cette méthode peuvent
être découverts dans celles des plus grands pianistes virtuoses en Europe et aux États-Unis.

———

« Je puis dire que ce livre est un bon livre,
aussi bon que *Charles Auchester*, mon roman
favori, et j'espère qu'il fera comprendre aux jeunes
gens que, pour atteindre la maîtrise dans un art
quelconque, il faut de longues années d'études,
d'efforts et de discipline. »

LE POÈTE LONGFELLOW
à l'éditeur des Lettres,
après avoir entendu la lecture du manuscrit.

———

PRÉFACE POUR L'ÉDITION FRANÇAISE

C'était dans l'été de l'année 1873. Jeune et plein d'enthousiasme, je faisais mon premier voyage à travers l'Allemagne, et je m'étais arrêté à Weimar, un peu pour y vénérer les souvenirs encore vivants de Gœthe, Schiller et Wieland, beaucoup pour y faire connaissance avec Liszt qui avait succédé à ces grands hommes dans les fonctions de roi spirituel de cette charmante petite capitale.

Muni, comme viatique, de la partition de *Rédemption,* récemment parue, que mon maître, César Franck, m'avait chargé de remettre à l'ancien ami de sa jeunesse, je frappai, un matin, à la porte de la villa princière que le père du poème-symphonique occupait, et qui donnait sur le jardin grand-ducal.

Liszt, contre mes prévisions, me reçut immédiatement. Il était de fort bonne humeur, en train de prendre le matinal café au lait dans son vaste salon et se mit aussitôt à me parler de Franck, de Saint-Saëns, de Berlioz, et surtout de l'oratorio *Christus,* son œuvre la plus récente, dont il venait justement de recevoir les épreuves; moi, très troublé de me trouver ainsi en tête à tête avec un musicien déjà historique, je ne savais que balbutier, et c'était avec une navrante gaucherie que je répondais à ses bienveillantes questions, mais peut-être cette gaucherie même lui plût-elle comme un hommage à son génie, car ce fut la figure illuminée de cet ineffable sourire à l'attirance duquel nul ne pouvait se soùstraire, qu'il me dit en terminant l'entrevue : « Revenez demain matin à la même heure, nous « causerons, vous me direz vos espoirs... »

C'est ainsi que, durant tout le temps de mon séjour à Weimar, Liszt me reçut chaque matin avec une simplicité et une affabilité qu'il n'est pas fréquent de rencontrer chez les artistes-idoles, causant de tout : art, esthétique, philosophie, avec une aisance et une facilité sans pareilles, et émaillant sa conversation de ces tours de phrase mordants ou spirituels qui lui étaient particuliers.

Il me confia une partie des épreuves de son *christus* à revoir et à corriger, et poussa même la condescendance jusqu'à examiner l'esquisse de ma première œuvre d'orchestre, et m'en faire une critique raisonnée.

A ce moment, j'étais entièrement sous le charme. Les silhouettes de Wieland, de Schiller, du grand Gœthe lui-même, pâlissaient à mes yeux auprès de la caractéristique figure encadrée de longs cheveux gris; j'étais à ce point captivé par l'absorbante personnalité que je ne voyais rien autre à Weimar, et ne cherchais en aucune façon à faire connaissance soit avec les disciples attitrés du maître, soit avec les innombrables jeunes hommes ou jeunes filles qui, sans trève, faisaient retentir les échos de la petite ville de leur agilité pianistique, dans l'espérance d'arriver à obtenir le titre, si ambitionné, d'élève de Liszt.

Un soir, je reçus un petit billet ainsi conçu : « *Deux morceaux de vive et originale allure seront* « *lus demain matin, à **11** heures, au théâtre; je* « *vous convie à cette lecture: Fr. Liszt.* » Il s'agissait d'œuvres de la nouvelle école russe qui venaient de paraitre et dont l'une était, si j'ai bonne mémoire, la deuxième version de *Sadko*, de Rimsky-Korsakoff. Je ne m'égarerai point à décrire cette étrange lecture d'orchestre, faite dans un théâtre presque complètement obscur, et dirigée d'une façon aussi fantaisiste que fantastique par le magicien en soutane; si je la mentionne ici, c'est qu'elle me procura l'occasion de connaître enfin quelques-uns des disciples, souvent coudoyés par moi aux séances que Liszt donnait chez lui chaque vendredi, mais auxquels je n'avais point encore osé adresser la parole pour plusieurs raisons, timidité d'abord, (mes compliments à l'une des meilleures élèves ayant été fort dédaigneusement reçus), mais surtout notion plus qu'imparfaite de la langue allemande qui m'interdisait toute conversation suivie.

Pour en revenir à cette répétition d'orchestre, l'auditoire en était fort restreint : quelques gens de haute volée, altesses sérénissimes et autres, et seulement une demi-douzaine des disciples du maître.

Au sortir du théâtre, l'un de ceux-ci émit l'idée d'aller tous ensemble dîner à une *restauration* renommée des environs de Weimar; moi, ne me croyant nul titre pour me mêler à ces privilégiés, je m'acheminais tranquillement vers mon hôtel, quand je m'entends interpeller par une claire et fraîche voix : « Et vous, ne voulez-vous pas venir avec nous? » Un peu interdit, je me retourne et mon regard croise celui d'une charmante jeune fille blonde que j'avais déjà remarquée dans le salon de Liszt, et qu'on m'avait dit être américaine.

J'allais m'excuser poliment, mais ce regard était si gracieux et si franc que je ne pus m'empêcher de répondre affirmativement à la question... et puis, un français de vingt ans a-t-il jamais su résister à l'appel d'une jolie femme?

Quoiqu'il en soit, les derniers temps de mon séjour à Weimar se passèrent on ne peut plus agréablement, en la cordiale compagnie des six jeunes artistes rencontrés à cette répétition, chez lesquels la bonne gaieté n'excluait pas les sérieuses conversations d'art. Parmi eux j'étais particulièrement attiré vers Anton Urspruch, que je retrouvai dernièrement à la tête de la rénovation de l'art religieux en Allemagne, vers Berthold Kellermann, un excellent garçon qui connaissait aussi mal le français que moi l'allemand, mais nous nous entendions quand même, (il fut depuis directeur du Conservatoire de Munich), et surtout vers les deux charmantes américaines, notes harmoniques de notre septuor : miss Amy Fay, la blonde qui m'avait si gentiment adressé la parole, et son amie, la brune Josie Bates.

Le moment étant venu où je devais quitter Weimar, miss Bates, que son frère devait ramener en Amérique, partait également, et nous fîmes route ensemble jusqu'à Nürnberg; mais, avant le départ définitif, il y eut une première escale à Eisenach où miss Fay et d'autres élèves nous accompagnèrent, afin de faire un pèlerinage à la Wartburg et à l'Annathal que plusieurs d'entre eux, bien qu'habitant Weimar depuis longtemps, ne connaissaient pas encore.

Après le souper d'adieu, miss Amy Fay se mit au piano, et je pus enfin juger de son très réel talent. Je ne l'avais pas encore entendue, et la façon si expressivement simple dont elle interpréta la Fantaisie et fugue en *ut mineur* de Bach, fut pour moi une révélation.

J'eus le sentiment d'être en présence, non point d'une *virtuose*, comme la plupart des jeunes allemandes que j'avais entendu jouer chez Liszt, mais d'une véritable *artiste* sachant sentir et exprimer, et je me pris alors à regretter sincèrement que cette soirée fut la dernière passée en sa compagnie.

Cette impression, comme il arrive des impressions reçues au printemps de la vie, resta profondément gravée dans mon esprit, bien que pendant plus de vingt-cinq ans, je n'entendisse plus parler de miss Fay.

— Il y a quelques années seulement, un livre me

tomba par hasard entre les mains, c'était l'édition anglaise des *Etudes musicales en Allemagne*; inutile de dire avec quelle avidité je me jetai sur ces pages, dans la seule intention d'y revivre un instant de ma jeunesse, mais quel ne fut point mon étonnement de trouver dans ce livre non pas seulement les souvenirs que j'y cherchais, mais encore un intérêt soutenu et captivant, rehaussé par un style d'une franchise et d'une simplicité charmantes. C'était bien toujours le caractère enjoué de la jolie blonde de Weimar, mais avec, en plus, une juste et primesautière présentation des hommes et des choses, (voyez le portrait de Liszt épars en plusieurs lettres, un petit chef-d'œuvre de vérité et d'observation), joint à des raisonnements d'une logique et d'une précision tout américaines et à une émanation de volonté supra féminine.

Enfin, de la lecture de ce petit volume, dans lequel chacun, même le lecteur le plus superficiel trouvera amusement et plaisir, il se dégage, pour le lecteur artiste, un précieux enseignement que Longfellow, l'un des premiers appréciateurs de ces pages. a su clairement définir dans une lettre écrite spécialement à ce sujet à l'éditeur des *Etudes musicales*, et je ne puis mieux terminer cette modeste préface qu'en citant ici les paroles mêmes du célèbre poète : « *Ce livre est un bon livre, et* « *j'espère qu'il fera comprendre aux jeunes gens* « *que, pour atteindre la maîtrise dans un art* « *quelconque, il faut de longues années d'études,* « *d'efforts et de discipline.* »

C'est aussi mon avis, très sincère.

Vincent d'INDY.

Décembre 1906.

*Nous croyons intéresser le lecteur en reproduisant
ici les Préfaces des nombreuses éditions que cet
Ouvrage a eues en Amérique, en Angleterre et en
Allemagne, avant d'être traduit en français.*

PRÉFACE DE L'ÉDITION AMÉRICAINE

En offrant au public des Lettres qui n'ont été écrites que pour la famille, j'espère que quelques lecteurs apprécieront en elles tout le charme de style que l'amie de leur signataire croit y découvrir, que d'autres trouveront la description des Maîtres parmi leurs élèves, principalement celle de Liszt, dignes d'être conservées, et que les étudiants seront reconnaissants d'être informés qu'une analyse de la technique du jeu de piano a été faite de façon à diminuer beaucoup les difficultés que l'on rencontre sur cet instrument.

C'est aux pianistes qu'il appartient de juger si la méthode de Herr Deppe est nouvelle et bonne, mais

ma sœur croit qu'aucun d'entre eux, après avoir
consciencieusement examiné la question, ne pourra
nier qu'il ait trouvé le *résumé* inappréciable de
tous, ou tout au moins de la plupart de leurs
secrets.

M. Fay Pierce.

Chicago, décembre 1880.

PRÉFACE DE L'ÉDITION ALLEMANDE

Les Lettres suivantes, adressées d'Allemagne dans son pays, par une Américaine, sont à leur deuxième édition dans l'original.

Nous espérons qu'elles n'offriront pas moins d'intérêt et de plaisir aux lecteurs Allemands qu'aux lecteurs Américains, car elles sont écrites avec un naturel spontané, et forment un tableau vivant des relations de l'auteur avec les personnages les plus remarquables du domaine de l'Art musical, tels que Liszt, Bülow, Tausig, Joachim, etc.

Nous donnons une traduction littérale.

. . . .

ROBERT OPPENHEIM, éditeur.

Berlin, 1882.

PRÉFACE DE L'ÉDITION ANGLAISE

Le livre de Miss Fay est si populaire dans son pays qu'il y a déjà atteint six éditions, et en Allemagne il en a eu autant, ayant été traduit peu de temps après avoir paru en Amérique.

Il est étonnant qu'il n'ait pas encore été publié en Angleterre, où la musique attire tant l'attention, et où les œuvres sur les sujets musicaux commencent à former une branche spéciale de la littérature. C'est d'autant plus étonnant que la lecture en est intéressante et amusante, chose trop rare dans un livre sur la musique.

On ne peut nier la sincérité et la fraîcheur de sentiment de ces Lettres. On peut sourire de l'enthousiasme de leur auteur, de la promptitude avec laquelle elle change de méthode et abandonne ce qu'elle a déjà appris, sur l'injonction d'un nouveau professeur, de la certitude avec laquelle elle annonce que chaque nouvel artiste qu'elle connaît est le meilleur qu'elle ait jamais entendu, de ses prédictions confiantes et glorieuses — pas toujours, hélas! réalisées — mais on ne peut qu'admirer son inébranlable détermination, l'ardeur artistique avec laquelle elle profite le plus possible de toute occasion, la facilité avec laquelle tout cela est (en un langage choisi) brillamment décrit, ainsi que les personnes placées successivement devant nous avec leur caractère et leurs habitudes.

Miss Fay ne voudrait-elle pas nous obliger, en nous donnant un compte rendu aussi fidèle et charmant de la vie musicale aux États-Unis? Jusqu'à présent, le domaine musical en Amérique nous est presque inconnu, n'ayant été décrit, par quelques-uns, que de façon contradictoire.

Les chanteurs en sont déjà renommés et, sous ce rapport, l'Amérique est peut-être destinée à devenir l'Italie de l'avenir, si les artistes veulent consentir à étudier assez lentement. Les orchestres et les exécutants américains, le goût des amateurs américains, provoquent un intérêt et une curiosité générale parmi nous, aussi nous recommandons ce sujet à la sérieuse attention de quelqu'un capable de le traiter avec une juste appréciation.

GEORGE GROVE.

Décembre 1885.

TAUSIG

Lettres Intimes
d'une Musicienne
Américaine

CHAPITRE PREMIER

Un intérieur allemand à Berlin. — Joachim.
Le conservatoire de Tausig.

Berlin, le 3 novembre 1869.

Me voilà enfin au numéro 26, Bernburger-Strasse, où je suis arrivée exactement deux semaines après mon départ de New-York. Frau W. et sa fille Fraulein W. m'ont accueillie avec la plus grande cordialité et m'ont fait me sentir immédiatement comme chez moi. Je trouve erronée l'idée que l'on se fait des « grandes » chambres en Allemagne, car celle que j'occupe n'a pas plus de dix ou douze pieds carrés et a un pan coupé, ce qui lui donne une forme irrégulière. J'ai cru tout d'abord en y entrant, que je ne pourrais jamais y rester, tellement elle me paraissait exigüe, mais après l'avoir examinée et m'être rendu compte de l'ingéniosité avec laquelle on avait tiré parti du plus petit espace, j'en suis arrivée à la conclusion que je m'y trouverais très bien.

Ce n'est pas, cependant, l'appartement où « l'on verra le roman le plus nouveau sur la table, et où mes pieds délicatement chaussés reposeront sur un coussin de velours. » Non, c'est plutôt la sévère demeure des Muses.

J'en commencerai la description en vous disant qu'elle est d'une propreté parfaite. Les murs sont tapissés d'un papier neuf, fond gris à dessins bleus, papier bon marché, mais de ton doux et joli. Dans un coin se trouve mon petit bureau avec trois tiroirs profonds et au-dessus, une grande glace bien encadrée. Dans l'autre coin, du même côté, il y a un sofa qui, le soir, forme un lit; au pied du sofa, une table carrée avec un dessus de marbre et, au-dessous, une étagère sur laquelle est posée une garniture de toilette. Dans le coin opposé, un haut poêle en faïence grise s'élève jusqu'à une petite distance du plafond et auprès est une chaise cannée aux pieds raides. Puis on arrive au pan coupé de la chambre, contre lequel on a placé un piano droit. Tout près, est suspendue une étagère à trois rayons qui formera ma bibliothèque. Ensuite on rencontre une fenêtre française (1) dont le grand rebord peut servir de siège, et, à côté, ma chaise de voyage qui est de beaucoup la plus luxueuse de la maison. Puis on retrouve mon bureau et *Da Capo*. Une jolie table ronde en marqueterie, occupe le milieu de la pièce ; elle supporte un plateau sur lequel une carafe remplie d'eau et un verre sont posés ; et cela, avec une autre chaise raide en plus, forme tout l'ameublement de la pièce. Mes rideaux sont blancs, bordés de bleu, et sur mon bureau, une belle écritoire, avec un aigle sculpté, aux ailes étendues sur un nid, fait un très joli effet au-dessous de la glace.

Lorsque j'ai eu enlevé mon vêtement, ainsi que mon chapeau, Fraülein W. et sa fille m'ont conduite dans leur petit salon qui a le même aspect de propreté et de simplicité économique. Il n'y a de tapis cloué sur aucun plancher, mais des carpettes très grandes, bon marché. Vous n'avez jamais

______

(1) Fenêtre à deux battants comme celles que l'on fait en France.

vu un intérieur aussi modeste, et c'est celui
de la veuve d'un avocat allemand. Nous trouvons
notre maison petite, mais il me semble, depuis que
je suis ici, que c'est un palais. Il y a deux jolies
petites chambres à louer ensemble, en face de la
mienne, et si une de mes amies pouvait les prendre,
je me trouverais parfaitement heureuse.

Le soir, mon lit est fait sur le sofa (tout le monde
dort sur des sofas); j'ai une couverture et un édre-
don. Je me borde moi-même dans mon nid, et le
lendemain matin, quand je reviens dans ma chambre, après déjeuner — *agremento-presto-change!* —
mon lit est redevenu un sofa, mes peignes et mes
brosses sont remis dans le tiroir; les fenêtres sont
ouvertes, un bon feu pétille dans le poêle, et ma
charmante petite chambre est transformée en un
petit salon tout aussi charmant. Cette description
vous plaît-elle?

Le matin, Frau et Fraülein W. sont venues avec
moi pour louer un piano, et elles m'ont conduite au
Conservatoire. Tausig doit être absent pendant six
semaines pour donner des concerts. Ehlert, son
associé, qui dirige le Conservatoire et enseigne à
ses élèves pendant son absence, m'a fait jouer. Je
n'ai pas osé, après mon long voyage, attaquer quel-

que chose de difficile, aussi je n'ai joué qu'une des gavottes de Bach. Ehlert m'a dit quelques mots d'encouragement et m'a admise dans sa classe, je dois commencer demain à deux heures.

Il est à présent dix heures du soir et nous avons eu cinq repas dans la journée; ce que nous disait madame P. est donc presque exact. La cuisine est sur le même pied que le reste de l'établissement, — peu à la fois, mais très bon. En Amérique, nous ne savons pas ce que c'est que des petits pains; je ne connais rien d'aussi délicieux que ceux que je mange ici, au lieu de pain ordinaire. Nous en avons eu le matin avec une tasse de café, à onze heures, avec une tasse de bouillon; à deux heures, on a servi un lunch qui consistait en soupe, poulet, pommes de terre, carottes, pain de ménage et bière; à cinq heures, nous avons eu le thé, du pain grillé, des gateaux, et à neuf heures, un souper de viande froide, d'œufs à la coque, avec du thé, pain et beurre. Fraülein W., qui parle très bien anglais, me sert d'interprète auprès de sa mère; je dois commencer demain mes leçons d'allemand avec elle. Toutes les deux vous adressent leurs compliments, il vous faut envoyer aussi les vôtres; elles me paraissent être aussi bonnes que possible, et je crois que j'ai eu de la chance en venant ici.

Faites attention à bien adresser vos lettres aux soins de Frau Geheimrathin W. (Madame le Conseiller W.), car les dames allemandes tiennent beaucoup à leurs titres !

Berlin, 21 novembre 1869.

Il y a tant à voir et à entendre à Berlin, que, même avec beaucoup d'argent, on ne peut épuiser toutes les ressources qu'offre cette ville. L'Opéra donne des représentations tous les soirs et il y a aussi, quotidiennement, de beaux concerts. On dit que l'Opéra est magnifique, que les décors y sont splendides et que la troupe de ballet est excellente. Jusqu'à présent, cependant, je n'ai été qu'à un concert. Ce n'était qu'un concert sacré; mais Joachim jouait, et — oh-h! quels sons il tire du violon! Il a joué quelque chose de Schumann, qui finissait sur une simple note, à laquelle il a donné tant de nuances, avec son archet, que c'était absolument merveilleux. Je dois l'entendre à nouveau dimanche soir, au concert que donne Clara Schumann. Ce sera un grand concert, car elle jouera beaucoup et aura le concours de Joachim, Müller, De Ahna et de la femme de Joachim, qui a une belle voix et chante d'une façon charmante, dans le genre sérieux des Allemands. Joachim n'est pas seulement le plus grand violoniste du monde, mais le plus grand qui ait jamais existé. De Ahna est une des premières violonistes d'Allemagne et Müller une des premières violoncellistes. C'est un quatuor qui n'a pas son égal en Europe, aussi je vous laisse à penser avec quelle impatience je l'attends!

Tausig n'est pas encore revenu de sa tournée de concerts et il n'arrivera pas avant le 21 décembre. Je trouve que Ehlert est un excellent professeur, bien que j'en aie une peur mortelle, non parce qu'il est toujours de mauvaise humeur, mais il est si exigeant, qu'un sentiment de désespoir s'empare vite de moi! Sa première leçon sur la touche m'a appris plus que toutes mes autres leçons ensemble — ce qui n'est peut-être pas dire beaucoup, — car elles ont été « peu nombreuses et espacées. » A présent, je nage dans un océan rempli d'écueils. Il y a trois jeunes filles dans ma classe, elles jouent excessivement bien, et quelquefois je crois que je ne pourrai jamais arriver à les égaler. De tous les élèves que j'ai entendus dans les classes de Tausig, je suis le plus mauvais, sauf un, et c'est un jeune homme. Je sais que Ehlert trouve que j'ai du talent, mais il me semble, vraiment, que le talent doit succomber sous une telle *pratique*, car la plupart des élèves étudient depuis longtemps pendant quatre et cinq heures par jour.

Le Conservatoire est très intéressant; on y rencontre des élèves de tous les pays, excepté de la France, et quelques-uns d'entre eux me paraissent être d'excellents musiciens. Tous les mois ou toutes les six semaines il y a, le dimanche matin (je regrette de le dire), ce qu'on appelle une « lecture musicale »; tous les élèves des classes supérieures doivent jouer, aussi m'a-t-il fallu aller à la dernière. Beaucoup de jeunes filles ont parfaitement joué et j'ai été étonnée de leur technique et de la manière artistique avec laquelle, même de fort jeunes, ont rendu la musique la plus difficile, sans cahier. J'ai attrappé un fort mal de tête à les écouter, mais c'était amusant de les voir. Aucune d'elles n'avait la moindre peur; elles riaient, causaient entre les morceaux, et lorsque leur tour arrivait, elles marchaient droit au piano, aussi hardies que des lions, s'asseyaient et attaquaient leur morceau avec une assurance magnifique!

Vous ne pouvez vous imaginer combien l'on rend les études de Cramer difficiles, ici. Ehlert me fait les jouer excessivement *forte*, et aussi vite que je le peux. Mes mains et mes doigts se rompent de fatigue, et lorsque je déclare que je suis obligée de m'arrêter : « Mais il faut continuer », dit-il. C'est la même chose avec les gammes, il me semble que je les joue si fort que tout tremble et il me dit : « Mais vous jouez toujours *piano*. » Avec cette rapidité, il ne permet pas que l'on manque une note ; s'il vous arrive d'en frapper une fausse, il parait si indigné que vous voudriez vous enfoncer sous terre

— C'est étrange, mais j'aime beaucoup les leçons de duos. bien que l'on ne fasse que déchiffrer. Quatre d'entre nous s'asseyent à deux pianos et lisent à première vue. Lesmann est un homme agréable, et il parle si vite qu'il m'amuse beaucoup. Il compte et bat la mesure avec une vigoureuse ardeur, en criant dans nos oreilles : « *Un, deux ! Un, deux !* » ou « *Un* » seulement, au premier temps de la mesure. Quelquefois, lorsque nous sortons toutes, il nous regarde au travers de son lorgnon et nous lance une telle avalanche de mots qu'il est étonnant de pouvoir le comprendre ; je ne peux jamais m'empêcher de rire, aussi je fais bien attention à ce qu'il ne me voic pas.

Mais Weitzmann, le professeur d'harmonie, est le plus drôle de tous. C'est le meillenr homme du monde, il est incapable de se fâcher; il se donne beaucoup de mal pour se faire comprendre de sa classe, et il serait impossible de décrire sa façon toute spéciale de parler, en accentuant énormément tout ce qu'il dit. Je suis ses cours parce que Ehlert dit que je dois le faire, mais je ne sais rien en fait de théorie (et si je savais quelque chose, les noms allemands sont si différents des noms anglais que je ne pourrais en deviner le sens; il est donc excessivement difficile pour moi de saisir toutes ses explications). Sachant que je suis américaine, il a laissé passer une ou deux leçons sans me poser aucune question, mais son amour allemand de l'enseignement sans lacune a fini par prendre le dessus et il commence à s'occuper de moi. A la dernière leçon, il a écrit quelques accords au tableau, puis, après avoir péroré pendant quelque temps, il a terminé avec son habituel: « *Verstehen Sie wohl—Ja?* (Comprenez-vous? Oui!) » adressé à la classe qui, toute, excepté moi. s'est écriée : « *Ja.* » Je gardais un silence discret, pensant qu'il ne me remarquerait pas. Mais se tournant soudainement vers moi, il m'a dit : « *Verstehen Sie wohl — Ja?* » J'étais aussi embarrassée pour répondre que les Pharisiens lorsqu'on leur demanda si le baptême de Jean était divin ou humain.

Je savais que si je disais « *Ja* » il pouvait m'en demander la preuve, et que si je disais « *Nein* » il entreprendrait de me donner des explications que je ne pourrais pas comprendre.

Après un instant de réflexion, je conclus que le dernier parti était le meilleur, et je dis hardiment : « *Nein.* — » « *Kommen Sie hierher!* (Venez ici) », dit-il, et, à ma grande terreur, je dus me rendre au tableau devant toute la classe. Il me harangua pendant quelques minutes, puis traça quelques notes sur la clé de *fa*, me mit la craie dans la main et me dit d'écrire. Je n'avais pas compris un mot, et, après avoir fixé le tableau d'un œil hagard, je dis : « *Ich verstehe nicht* (je ne comprends pas). » « *Nein* », me dit-il, et il recommença soigneusement toute son explication. Cette fois je parvins à déduire qu'il désirait que j'écrivisse la succession d'accords que les notes indiquaient, et que je lie les notes que je pouvais lier. Il me mit la craie dans les mains une seconde fois et me dit d'écrire les accords. « Dieu seul les connaît! » pensais-je en moi-même. Cependant, dans mon désespoir, je devinai le premier et murmurai le nom des notes d'une voix tremblante, m'attendant à ce qu'un canon éclatât sur ma tête, mais, grâce à ma bonne étoile, ce fut bien. J'écrivis l'accord sur le tableau, puis, mes idées s'éclaircissant, je trouvai les autres accords d'après celui-là et les écrivis tous à la file. Je poussai un long soupir de soulagement quand Weitzmann me relâcha de ses griffes, et je m'assis croyant à peine à ce que je venais de faire. Je n'ai pas, maintenant, la moindre idée de ce que c'était, mais je suppose que je me le rappellerai dans le courant de l'année! Weitzmann ne comprenant pas un mot d'anglais, je ne peux rien lui dire, et comme il est déterminé à me faire apprendre l'harmonie, il serait inutile de lui avouer que je ne savais pas de quoi il parlait, car il recommencerait ses explications *ad infinitum*. Je lis un livre sur la théorie de la musique avec Fraülein W., qui a aussi étudié avec Weitzmann, et quand je serai arrivée au niveau de la classe, je pourrai le suivre facilement. J'adore Weitzmann; il a la meilleure vieille figure imaginable et il est si infatigable pour cogner les choses dans la tête de ses élèves! Les professeurs de Berlin que je viens de décrire, sont tous des musiciens accomplis et bien connus. Je me demande comment certaines personnes, avant que je parle, pouvaient nous dire, en semblant le croire, vraiment : « que j'apprendrais aussi bien dans un Conservatoire américain que dans un Conservatoire allemand. » Mes études musicales, à Boston, n'étaient qu'un jeu en comparaison du travail qui m'est imposé ici.

CHAPITRE II

Clara Schumann et Joachim.
Au Conservatoire. — Tausig et Rubinstein.
Les élèves de Tausig.

Berlin, le 12 décembre 1869.

J'ai entendu Clara Schumann dimanche dernier et
mardi soir. C'est une artiste des plus merveilleuses.
Elle a joué un quartette de Schumann et était accompagnée de Joachim comme premier violon, de Ahna
comme second violon et Müller comme violoncel-
liste. C'était parfait, j'étais en extase ! Mme Schumann avait fait un large choix pour ces deux
concerts, et elle y a montré toute l'étendue de son
talent, en tout genre de musique. *L'Impromptu*
op. 90 de Schumann était ravissant ; il est rempli de
passion et très difficile. La seconde des romances
sans paroles de Mendelssohn me semblait être exécutée par des doigts de fée ; c'est une de ces choses
qu'il faut enlever avec une grâce extrême et qui
exigent une technique des plus délicates ; Clara

Schumann l'a jouée avec perfection. Elle a aussi joué d'une façon splendide le terrifiant *Scherzo* de Chopin, mais je trouvais qu'elle atténuait trop les grands passages d'octaves, elle ne leur donnait pas assez d'ampleur, à mon goût, bien que tout eût un cachet extrêmement artistique. Elle vous donne un plaisir exquis par chaque note qu'elle touche, elle a une conception musicale étonnante, beaucoup de variété dans le jeu, mais elle vous exalte rarement jusqu'à vous entraîner dans le délire.

Au second concert, elle a été meilleure qu'au premier, si c'est possible; elle était remplie de feu et, quand elle a joué, Bach aurait dû la couronner de diamants! Je n'ai jamais entendu un jeu si *noble*, vous êtes continuellement impressionné par l'ampleur de son style, la clarté de son expression et, oh! si vous pouviez entendre ses *gammes*! Bref, son jeu ne laisse rien à désirer, elle a toutes les qualités d'une grande artiste. Beaucoup de personnes prétendent que Tausig la surpasse, ce que j'ai peine à croire : il peut avoir plus de technique et plus de puissance, mais rien autre, j'en suis sûre. Tout le monde raffole de son jeu et j'attends impatiemment son retour, que l'on dit fixé à la semaine prochaine. Je vous envoie la photographie de Mme Schumann,

qui est très ressemblante. C'est une femme forte, au
type allemand, avec les cheveux bruns et les épaules
superbes. Au dernier concert, elle portait une robe
de velours noir avec un corsage décolleté et des
manches courtes. Lorsqu'elle frappait de puissants
accords, ses beaux bras blancs semblaient s'abaisser
avec majesté.

Quant à Joachim, il est sans contredit magnifique;
il a une puissance étonnante. Quand il a joué son
solo dans cette seconde *Chaconne*, de Bach, vous
auriez à peine pu croire qu'il n'y avait qu'un violon.
Il a, comme Mme Schumann, la plus grande variété
de tons, mais sur le violon, on peut les rendre beaucoup plus délicats que sur le piano.

Il m'a semblé que le second mouvement du quartette de Schumann était peut-être la partie la plus
extraordinaire de l'exécution de Clara Schumann.
Elle l'a joué dans un mouvement très rapide, très
staccato et toujours *pianissimo*. Pas une note n'a
échappé à ses doigts, et l'influence qu'elle exerçait
sur nous était telle que nous pouvions à peine respirer, lorsqu'elle est arrivée à la fin. Vous savez
qu'il n'y a rien de plus difficile que de jouer staccato,
très pianissimo, dans un morceau de grande exécution. Les deux sonates pour violon et pour piano

qui ont été jouées par Mme Schumann et Joachim,
principalement celle en *la* mineur, de Beethoven,
étaient divines. Les deux parties étaient également
bien soutenues et jouées avec entrain — comme si
l'un des artistes inspirait l'autre. Ces deux sonates
valaient la peine que l'on traversât l'Altantique, rien
que pour les entendre.

Berlin, 19 décembre 1869.

A la dernière « Lecture », au Conservatoire, les
quatre meilleures élèves ont joué tout à fait à la
fin de la séance, et j'ai entendu *ma* favorite, la
petite Fraülein Trimanoff. C'est une jeune russe de
quinze ans seulement, encore en robes courtes. Elle
a les cheveux presque blancs, tellement ils sont
clairs, et elle les peigne en arrière, les laissant
tomber en deux grandes nattes sur le dos, ce qui la
fait paraître une enfant. Elle est vraiment étonnante
à voir ! Elle prend son siège avec la plus grande
assurance, et joue avec la hardiesse d'une artiste.

Presque tous les élèves de la classe de Tausig
étudient pour jouer en public ; il y a beaucoup
d'élèves au Conservatoire, mais Tausig n'enseigne
qu'aux plus avancés, et je crois qu'il doit être

très fier de ceux que j'ai entendus jouer. Il n'est revenu de Berlin que samedi et je ne l'ai pas encore vu, bien que j'en meure d'envie. Les jeunes filles de sa classe ont une peur mortelle de lui ; quand il se met en colère, il leur dit qu'elles jouent « comme un rhinocéros », et leur fait paraît-il, dans son mécontentement, beaucoup d'autres remarques tout aussi amusantes.

Berlin, 11 janvier 1870.

Je dois entendre jouer Rubinstein vendredi prochain. Je suppose qu'il donnera un beau concert car lui, Bülow, Tausig et Clara Schumann, sont à présent les grandes célébrités du piano, Liszt ayant cessé de jouer en public. Hier, lorsque notre leçon a été terminée, Ehlert a pris congé de nous et nous a laissés attendre — Tausig — ma chère ! — qui devait nous entendre jouer toutes. Il est arrivé très tard, et juste au moment de commencer sa leçon. La photographie que je vous en ai envoyée est parfaitement ressemblante. Il est très petit — trop petit pour avoir belle tournure — mais ses yeux ont une expression excessivement vive. Il nous a à peine regardés en entrant, et, sans même nous saluer, il s'est tourné vers moi en disant impérieusement : « Jouez-moi quelque chose ». J'ai commencé une *Etude*, puis il m'a demandé de faire quelques gammes, et lorsque je les ai eu jouées, il m'a dit que « j'avais du talent », qu'il fallait venir à ses leçons, que j'y apprendrais beaucoup. Il n'y avait que deux jeunes filles dans la classe, mais toutes les deux fort avancées. Je ne les avais jamais entendues jouer auparavant, et la seconde a fort bien exécuté un concerto de Chopin excessivement difficile. De temps en temps, Tausig la faisait quitter son tabouret et jouait lui-même ; il est vraiment merveilleux. Si, ainsi qu'on le déclare, les trilles de Liszt sont « comme un gazouillement d'oiseaux », on peut en dire autant des siens. Ce n'est pas étonnant qu'il soit si célèbre ; il vous fait tressaillir jusqu'à la moëlle des os, et je brûle d'envie de l'entendre dans un concert où il puisse déployer tout son art. On dit que son jeu est *sans pareil*. Il est divorcé, et je crois fort probable que sa femme n'a pas pu vivre avec lui, car il paraît aussi hautain et despote que Lucifer, bien qu'il ait des manières très engageantes lorsqu'il le veut.

Berlin, le 8 février 1870.

Depuis que je vous ai écrit, j'ai entendu Rubinstein et Tausig. Tous les deux sont merveilleux, mais d'une façon différente. Rubinstein a, en jouant, la plus grande puissance et *abandon* que vous puissiez imaginer, je n'ai jamais vu quelqu'un à qui il parut si facile de jouer ; on eut dit qu'il s'amusait avec le piano et pouvait en faire tout ce qu'il voulait. Tausig, au contraire, a beaucoup de réserve, pas tout à fait assez d'enthousiasme, mais il est absolument *parfait*, et met dans son jeu la plus grande expression ; il est remarquable par la grâce et la délicatesse de son exécution. Il semble que, dans une salle de concert, il retient sa puissance, chose singulière, car lorsqu'il joue à ses élèves, au Conservatoire, il parait rempli de passion. Sa conception artistique est si raffinée qu'elle l'est parfois à l'excès, tandis que Rubinstein se laisse emporter de temps en temps par trop de précipitation. Je ne sais encore quel est celui que je préfère, mais d'après mon jugement, Clara Schumann leur est supérieure à tous les deux, bien qu'elle n'ait pas leur technique illimitée.

Voici quel était le programme de Tausig ;

1.		Sonate, op. 53............	BEETHOVEN.
2.	*a.*	Bourrée.	BACH.
	b.	Presto Scherzando.......	MENDELSSOHN.
	c.	Barcarolle, op. 60........	
	d.	Ballade, op. 57...........	CHOPIN.
	e.	Zwei Mazurkas, op. 59, 33..	
	f.	Aufforderung zum Tanz....	WEBER.
3.		Kreisleriana, op. 16.......	
		8 Phantasie Stücke........	SCHUMANN.
4.	*a.*	Standchen von Shakespeare nach Schubert.....	
	b.	Ungarische Rapsodie......	LISZT.

Le jeu d'octaves de Tausig est le plus extraordinaire que j'aie jamais entendu. Le dernier morceau à grand effet de son programme était la Rapsodie de Liszt, avec une variation d'octaves. Il a d'abord joué si *pianissimo* que l'on pouvait à peine l'entendre, puis il a repris la variation en la rendant avec vigueur, excessivement *forte*. C'était colossal ! Ses gammes surpassent celles de Clara Schumann ; il semble qu'il joue avec des doigts de velours, tellement sa touche est douce. Il a joué la grande sonate en *do* majeur de Beethoven, morceau favori de Moschelès, vous le savez. Il ne l'a pas rendue d'une manière aussi brillante que je m'y attendais, mais d'une façon calme et rêveuse ; il a attaqué très *piano* le premier mouvement dans lequel il a été admirable, mais je n'ai pas été entièrement satisfaite du dernier mouvement, car je supposais qu'il allait produire un grand effet avec les beaux trilles passionnés, et il n'en a pas été ainsi. Il joue Chopin divinement et cette petite Bourrée de Bach que j'avais l'habitude de répéter souvent était magique ; il l'a jouée comme un éclair et l'a rendue parfaitement ensorcelante. C'est un grand homme, mais, ainsi que Rubinstein, il ne vous émeut pas comme le fait Clara Schumann qui se met immédiatement en rapport avec vous. Je trouve donc que Clara Schumann est le plus grand interprète, bien que les Allemands ne soient pas, je l'imagine, d'accord avec moi. Tausig a une si petite main que je me demande comment il a pu acquérir son immense virtuosité. Il n'a que trente ans et est par conséquent beaucoup plus jeune que Rubinstein ou que Bülow.

Le lendemain du concert de Tausig, je suis allée, comme d'ordinaire, l'entendre donner sa leçon à sa meilleure classe d'élèves. Je suis arrivée un peu avant l'heure et les jeunes filles attendaient dans le

3.

vestiaire que les jeunes gens eussent fini leur leçon. Elles causaient du concert. « N'était-il pas magnifique ! » me dit la petite Timanoff, « je n'en ai pas dormi de la nuit ! » Ce sentiment chez une aussi petite personne me surprit, et me fit sentir quelque componction de m'être laissée aller à un profond sommeil. « J'ai déjà étudié cinq heures aujourd'hui », ajouta-t-elle. A ce moment, les jeunes gens sortirent de la classe et nous y entrâmes. Tausig se tenait près du piano. « Commencez ! » dit-il à Timanoff, plus brièvement encore que de coutume ; « j'espère que *cette* fois vous m'avez apporté une étude ». Il insiste toujours pour que nous ayons une étude en plus de notre morceau. Timanoff lui répondit affirmativement ; elle attaqua la grande étude « Vent d'hiver » en *la* mineur de Chopin, avec le plus grand brio possible et continua ainsi. J'étais extrèmement étonnée d'un tel exploit de la part d'une telle enfant, et je m'imaginais que Tausig allait s'exclamer d'admiration. Il écouta sans faire aucun commentaire ou correction puis, quand Timanoff eut fini, il lui demanda simplement, très froidement : « Avez-vous aussi pris l'étude suivante ? » Comme si la grande étude en *la* mineur n'était pas assez pour une fois ! Elle a huit pages et il n'y a pas d'intervalle entre les difficultés, d'un bout à l'autre. Après, cependant, il a dit aux jeunes gens qu'il n'aurait pas pu la jouer mieux lui-même.

Tausig est toujours si pressé et si impatient que cela doit être une forte épreuve de faire partie de sa classe. Il ne supporte pas la plus légère faute, et la dernière fois que je suis allée assister à sa leçon, il était terrible. Fräulein H. commence ; elle est beaucoup plus avancée que moi et a un talent remarquable. Elle ne pouvait arriver à jouer assez *piano* pour le satisfaire, et finalement, il se mit à frapper du pied, lui arracha les mains du clavier et lui dit: « Voulez-vous jouer *piano* ou non, car si c'est non, nous n'irons pas plus loin. »

Une seconde jeune fille s'assit au piano et joua quelques lignes. Il la fit recommencer plusieurs fois puis vint enlever sa musique et la jeta sur le piano en lui disant : « Vous avez étudié ceci pendant des semaines et vous ne pouvez pas en jouer une note ; étudiez-le pendant un mois, et alors vous pourrez me le rapporter. »

La troisième était Fräulein Timanoff, qui est, à mon avis, un petit génie. Elle avait apporté la charmante sonate en *la* mineur de Schubert — et il paraît

que Tausig a un sentiment tout particulier pour
cette sonate. Timanoff commença à la défiler dans
son style agile, l'ayant évidemment étudiée pendant
tous ses moments en dehors de ceux du sommeil.
Elle n'était pas encore rendue à moitié de la première page, qu'il l'arrêta en murmurant contre
l'expression ; elle recommença sans plus de chance ;
une troisième fois, il fut encore mécontent, bien
qu'il l'eût laissée aller un peu plus loin, puis il
continua de l'arrêter à chaque instant, de la façon
la plus désagréable et la plus exaspérante. Si cela
avait été moi, je n'aurais pu m'empêcher de pleurer,
mais la petite Timanoff est bien domptée et ne fit que
rougir jusqu'aux oreilles. Tausig devint de plus en
plus colère et, dans son impatience, la fit passer
des pages entières. « Jouez ceci », lui disait-il, du
ton le plus impérieux en lui montrant une demi
page ou toute autre page. « Je ne peux entendre
cela ! Prenez plus loin ! C'est trop mauvais pour
qu'on l'écoute ! » Froidement, il frappa la musique
du dos de sa main et s'écria d'une manière désespérée : « Mon enfant, il y a une âme dans ce morceau, ne sentez-vous pas qu'il y en a une ? » La
petite Timanoff continua avec la même agilité que
toujours jusqu'à ce que Tausig, ne pouvant plus

rien supporter, fermât la méthode. J'étais désappointée, car je n'avais jamais vu de scène semblable et j'aime entendre le tintement des doigts de
la petite Timanoff sur le clavier; elle sait rendre
toute chose avec tant de délicatesse et d'exactitude !

Fraülein L. joua la dernière de toutes et fut la
seule capable de contenter Tausig. C'est une Suédoise et la meilleure de ses élèves, mais elle a de
si vilaines mains et les tient si mal que, lorsque je
les regarde, je ne peux plus apprécier son jeu.
Tausig lui fait beaucoup de compliments et elle est
très ambitieuse.

Tausig a une figure charmante, remplie d'expression; il voit tant de choses, qu'il a, je crois,
des yeux derrière la tète. Il est beaucoup trop petit
et trop despote pour être captivant, mais ses
manières sont cependant assez attrayantes, lorsqu'il
est de bonne humeur.

J'ai beaucoup regretté d'apprendre la mort du
pauvre Gottschalk; il avait une touche d'or. Et
quelle mort romanesque ! Tomber au pied de son
instrument en jouant *La Morte* ! C'est étrange ! Si
l'on parle de lui dans les journaux, envoyez-les ici,
au nom de l'engouement que moi et 99.999 autres

jeunes filles américaines avons eu pour lui et dont il me reste encore quelque chose.

Je suis allée samedi soir entendre pour la première fois la *Berlin Symphony Kapelle*. Elle n'est composée que d'artistes et c'est la musique la plus splendide que l'on puisse imaginer. De Ahna, par exemple, est un des violonistes, et il égale presque Joachim. Nous n'avons pas, en Amérique, idée d'un tel orchestre (1). L'orchestre est si parfait et joue avec tant de persuasion que vous avez peine à vous imaginer qu'il y a des exécutants; il semble qu'une grande onde sonore vient vers vous en roulant d'une façon uniforme et douce, c'est vraiment extatique!

Berlin, le 4 mars 1870:

Tausig est parti aujourd'hui pour une tournée de concerts en Russie et ne sera pas de retour avant le 1ᵉʳ mai. Sur six mois, il n'en a passé que deux et demi à Berlin! Comme je ne suis pas encore dans sa classe, cela ne m'affecte pas beaucoup, mais je suppose que ses élèves doivent être très contrariés par d'aussi longues absences. C'est l'ennui d'avoir

(1) L'auteur écrivait ces lignes avant le complet développement de l'orchestre Thomas.

un si grand artiste pour maître. Je crois que nous n'aurons pas de vacances cet été et que Tausig a promis de rester ici entre mai et novembre. Il a eu une grande querelle avec Ehlert qui doit quitter le Conservatoire en avril ; je le regrette énormément, car c'est un professeur admirable que j'aime beaucoup.

Depuis que je vous ai écrit, je suis retournée entendre jouer Rubinstein. C'est l'artiste le plus sensationnel que je connaisse, et comme Gottschalk, il a toutes sortes de petits trucs particuliers. Son principal but est de produire de l'effet, aussi on se fatigue beaucoup à l'entendre et, à son dernier concert, le premier morceau qu'il a joué — une composition fort difficile de Schubert — m'a donné un tel mal de tête que je n'ai pu trouver aucun plaisir à écouter les morceaux suivants. Il est doué de beaucoup d'esprit et est extrêmement poétique et original, mais n'entendre que lui seul dans un concert, c'est trop. Donnez-moi Tausig pendant une soirée entière, mais Rubinstein seulement pendant une partie de la soirée. Il ne se préoccupe pas des notes qu'il manque, pourvu qu'il puisse faire ressortir son idée et la vivifier suffisamment. Tausig, lui, frappe chaque note avec une exactitude rigide, et c'est peut-être sa grande perfection qui le rend parfois un peu froid. Rubinstein a joué « glorieusement » *Erl-König* de Schubert, arrangé par Liszt, et dans ce passage où l'enfant est si effrayé, ses mains volaient sur le clavier. J'étais prête à crier de terreur, c'était suffisant pour vous glacer le sang dans les veines.

Berlin, le 24 avril 1870.

On attend le retour de Tausig cette semaine, et, vraiment il a été absent assez longtemps. Il doit donner une leçon tous les lundis aux meilleurs élèves qui ne sont pas de sa classe, et comme je suis à leur tète, j'espère avoir cette leçon. Je préférerais n'en avoir qu'une, plutôt que deux, car cela me donnerait le temps d'apprendre un morceau. En outre, j'aurais ma leçon régulièrement avec M. Beringer, ou quiconque remplacera Ehlert. Beringer est un jeune homme d'environ vingt-cinq ans qui s'est montré très bon professeur, et j'apprends beaucoup avec lui. Il joue admirablement et est un des grands favoris de Tausig, dont il enseigne parfaitement la méthode ; il me donne des morceaux qu'il a étudiés avec lui. Je crois qu'il doit débuter dans le Gewandhaus, à Leipzig, en octobre et puis après il ira se fixer à Londres.

CHAPITRE III

L'enseignement de Tausig. — Tausig abandonne
son Conservatoire. — Kullak.

Berlin, le 6 août 1870.

Jusqu'à hier je n'avais pas encore eu de congé, car je suis entrée, finalement, dans la classe de Tausig et il m'a fallu beaucoup étudier. Il a été aussi aimable avec moi qu'il lui est possible de l'être avec qui que ce soit, mais c'est le maître le plus fatigant et le plus exaspérant que vous puissiez imaginer. Il semble avoir pour principe de vous réprimander autant qu'il le peut, même sans occasion, et vous pouvez vous estimer fortuné quand il ne vous ridiculise pas devant tous les élèves. J'ai été mise dans la classe où se trouve Fräulein Timanoff; elle est si avancée que Tausig lui a déclaré qu'il ne lui donnerait plus de leçons, qu'elle en sait assez pour prendre ses grades.

Vous pouvez deviner quelle épreuve a été ma première leçon. Je lui ai apporté un scherzo de Chopin,

long et difficile, que j'avais soigneusement étudié
pendant un mois et que je savais bien. Mais, imaginez ce qu'il m'était facile de jouer quand il était
penché sur moi, criant tout le temps en allemand :
« Terrible ! Choquant ! Épouvantable ! O Dieu ! Dieu ! »
Je jouais bien, cependant, et j'ai continué, en dépit
de lui, mais mes nerfs étaient irrités, surexcités
au plus haut degré et, lorsque j'ai eu fini et qu'il
m'a donné ma musique en disant : « pas mal du tout »
(ce qui est un grand compliment de sa part), je me
suis précipitée hors de la salle en éclatant en larmes.
Il m'a suivie immédiatement et m'a dit froidement :
« Pourquoi pleurez-vous, mon enfant? Votre jeu
n'était pas mauvais du tout. » Je lui ai dit qu'il
m'était « impossible de m'en empêcher quand on me
parlait ainsi »; mais il sembla ne rien se rappeler
de ce qu'il avait dit.

Et maintenant, pour vous montrer que nous avons
tous nos ennuis et qu'ils tombent coup sur coup, je
vous dirai qu'à notre dernière leçon, Tausig nous a
informés qu'il « *n'allait plus en donner à personne* »
et que le Conservatoire serait fermé le premier octobre!! C'est pour moi un énorme désappointement,
car, juste au moment où je recueille le fruit de mon
travail et ai une préparation suffisante pour profiter

de ses leçons, il s'en va ! Je suppose qu'il a quitté
Berlin à présent, sinon il le fera bientôt ; il n'a pas
voulu dire quand il doit s'éloigner ni où il va ; il a
dit seulement qu'il partait, qu'il ignorait quand il
reviendrait et ce qu'il ferait. Naturellement, il le sait,
mais il ne veut pas être tourmenté par des demandes
de leçons particulières. J'ai entendu dire qu'il n'allait
garder que deux de ses élèves, dont l'une est une
princesse et l'autre une comtesse.

C'est un vrai roc ! Je suis allée chez lui pour voir
si je pourrais le décider à me donner des leçons
particulières, et rien qu'à la façon dont il est entré
dans la pièce où je l'attendais et au ton bref avec
lequel il s'est adressé à moi, en me disant : « Eh
bien, qu'y a-t-il ? » je me suis rendu compte que je
ne pourrais lui faire ressentir aucune impression. Il
m'a seulement dit que si je voulais venir lui jouer
quelque chose lorsqu'il se trouverait à Berlin, il me
donnerait son avis. Mais je ne m'aventurerai pas à
le faire, car il pourrait être de mauvaise humeur et
me renvoyer — il est si difficile à aborder ! Je lui ai
dit que je trouvais très pénible, après avoir fait un
aussi long voyage et d'aussi grandes dépenses, seulement dans le but de prendre des leçons avec lui,
d'être obligée de repartir sans en avoir eu. Il m'a

répondu qu'il le regrettait, mais que la plupart de ses élèves venaient de loin et qu'il ne pouvait pas montrer de préférence pour moi ; il m'a aussi demandé pourquoi j'insistais tant pour qu'il me donnât des leçons et a ajouté que Kullak et Bendel enseignent tous les deux aussi bien que lui. Le fait est que c'est un génie capricieux qui a été trop gâté et ne connaît plus de règles. Le Conservatoire est un jeu pour lui, il s'en amuse pendant quelque temps, et lorsqu'il en est fatigué, ne veut plus y être retenu, il l'abandonne. Les considérations d'argent n'existent pas à ses yeux.

Il semble vraiment aussi difficile d'avoir un *grand* maître en Europe qu'en Amérique. Tausig est le seul maître célèbre, mais pour le moment il se retire. Il m'a fait entendre que je ferais bien de prendre des leçons avec Bendel, qui est élève de Liszt.

J'ai énormément souffert du départ de Tausig ; lorsque j'en ai eu d'abord connaissance, il y a une quinzaine, je n'en pouvais plus dormir. La seule consolation que j'aie est de me dire que si j'avais continué avec lui je me serais « usée jusqu'aux os », ainsi que le dit H. C., car tous ses élèves, excepté la petite Timanoff, qui est à l'âge dodu de quinze ans, sont aussi minces qu'un bâton, sort auquel j'échappe.

Quand on se voit arrêté dans une direction, le mieux est d'en prendre une autre, mais il semble que plus on s'efforce d'accomplir une chose, plus les difficultés et les embarras se dressent devant vous comme les dents d'un dragon. Je crois que je finirai par m'adresser à Kullak. Il était pianiste à la cour avant Tausig, et a une très grande expérience comme professeur.

Le professeur J. K. Paine m'avait recommandé d'aller le trouver dès le début ; vous vous le rappelez peut-être, et, si je le fais. j'espère avoir un meilleur sort que le pauvre jeune N... qui l'avait aussi choisi d'après les indications de Paine. Il ne put supporter les taquineries et arrogances qu'on lui faisait subir dans le Conservatoire de Kullak, et après être tombé dans une profonde mélancolie, il fut saisi de désespoir et se suicida !

Les Allemands ne peuvent pas comprendre que l'on soit d'humeur sombre ou triste. car ils ne le sont jamais eux-mêmes. Ils s'attendent à ce que vous conserviez toujours la même égalité de caractère, et ils vous tourmentent à mort pour savoir « ce qu'il y a » quand il n'y a rien, si ce n'est qu'on est fatigué de tout. Les changements d'humeur leur sont complètement incompréhensibles. car eux, ils se sentent les mêmes tous les jours de l'année.

Berlin, le 21 août 1870.

Je suppose que C. vous a fait une description complète de notre visite à Dresde et des cinq jours agréables que nous y avons passés, car tout y était nouveau pour nous.

Depuis mon retour, je me suis décidée à prendre des leçons particulières avec Kullak, qui est un maître célèbre, et qui, me dit-on, joue parfaitement, bien qu'il ne donne plus de concerts. Il a été pianiste à la cour et a acquis tant d'expérience en enseignant, que j'attends beaucoup de lui, bien que je ne le croie pas parvenu au niveau de notre petit Tausig, tout capricieux que soit ce dernier.

Mais, pensez quelle façon d'agir! quitter le Conservatoire au milieu des vacances sans même en avertir les professeurs! Il a tout laissé sous la direction de Beringer. Beaucoup de ses élèves sont très pauvres et ont fait de grands sacrifices pour venir ici, afin d'apprendre d'après sa méthode, et il part comme un coup de canon, parce que l'enseignement lui déplaît soudainement! Il n'a dit à personne où il allait,

ni combien de temps il avait l'intention de rester
absent. Il a écrit à Bechstein, le grand fabricant de
pianos, ici : « je vais loin — loin — loin, » il n'a pas
voulu condescendre à en dire davantage. M. Béringer
est allé chez lui pour le voir, au sujet d'affaires
ayant rapport au Conservatoire, mais il était en-
volé, et le gardien de sa maison a dit à Beringer
que des lettres et des télégrammes étaient arrivés,
qu'il ne savait pas où les envoyer. Avez-vous jamais
connu quelqu'un d'aussi capricieux? Je lui en ai
tant voulu et j'étais si montée contre lui que, après
la première semaine, j'ai cessé de me lamenter sur
son départ. On ne peut pas compter sur ces grands
génies, mais j'espère que Kullak faisant métier
d'enseigner et non de jouer, il y a plus à gagner
avec lui. En tous cas, il ne s'éloignera pas pour
si longtemps.

Je suis en train d'étudier mon premier concerto.
C'est celui de Beethoven, en *do* mineur; il est excessivement beau.

M. Beringer me dit que deux années ne sont pas
suffisantes pour faire un artiste et, maintenant, on
ne sait pas combien il est difficile de le devenir, si
on ne l'essaie pas. Il joue admirablemennt et doit
faire ses débuts dans le Gewandhaus, à Leipzig, en

octobre prochain, c'est-à-dire dans le meilleur orchestre d'Allemagne.

Tausig a lancé cinq artistes de son Conservatoire, cet été; l'avenir montrera si parmi eux il en est qui soient capables de devenir artistes de première classe.

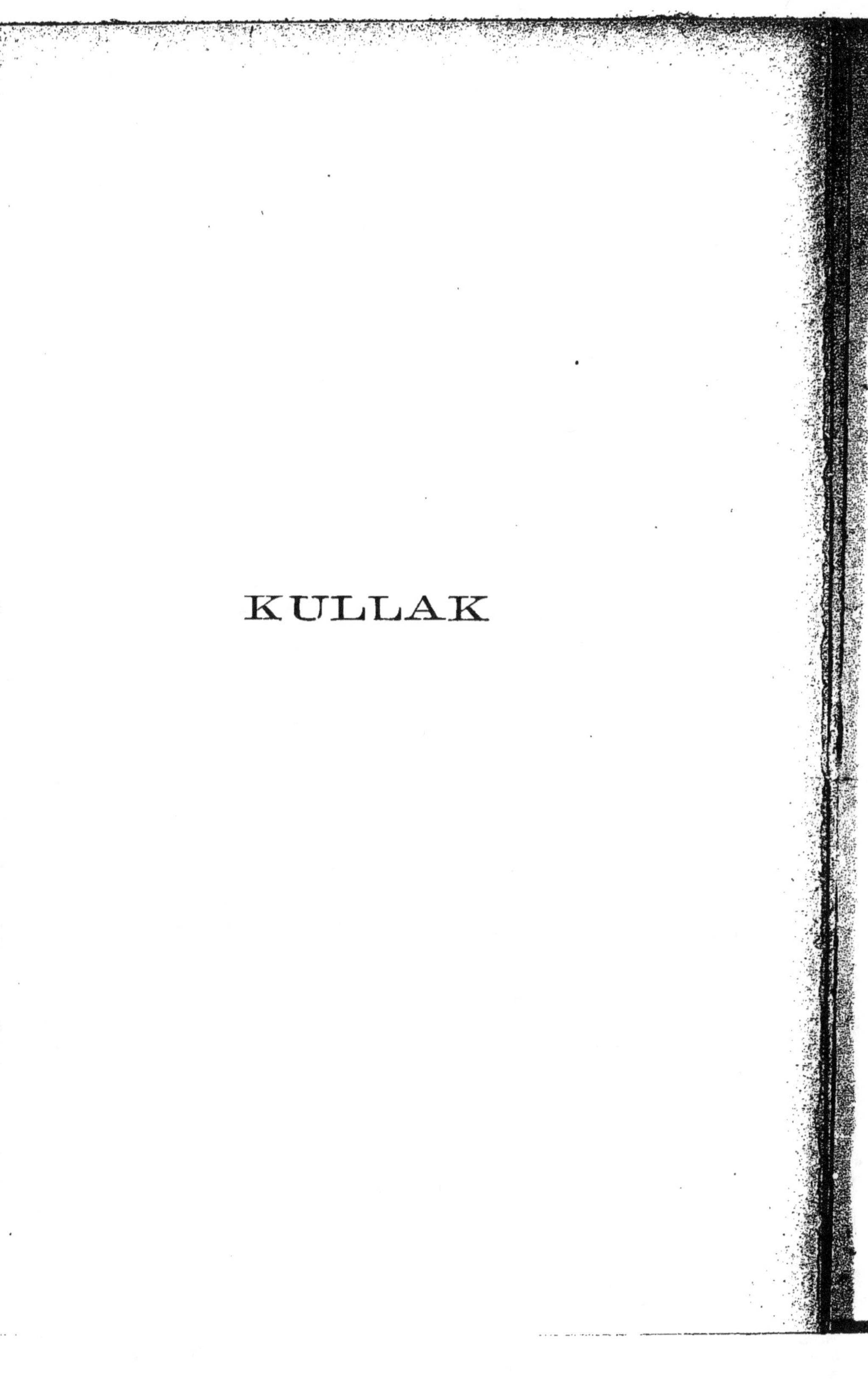

KULLAK

CHAPITRE IV

Intérieurs allemands et repas allemands. — Enseignement
de Kullak et de Tausig. — Joachim. — Le jeu de Tausig.

Berlin, le 29 septembre 1870.

Je vous prie de m'adresser vos lettres, à l'avenir,
30, Königgrätzer Strasse, car nous allons déménager
dans trois jours. Les personnes qui demeurent à
l'étage au-dessous du nôtre ne peuvent pas supporter mes cinq ou six heures d'études journalières,
aussi Frau W. a loué un autre appartement. Les
maisons sont, ici, aussi peu confortables que possible. L'eau et le gaz ne sont installés que dans les
constructions les plus récentes ; les chambres n'ont
pas de cabinet de toilette et il faut suspendre ses
vêtements sur de groses têtes de portemanteaux en
bois, de sorte que lorsque vous voulez en prendre
un, tous les autres tombent. Bref, les Allemands
sont de cinquante ans en retard sur nous. Les gens
riches ont, naturellement, des maisons superbes

mais je parle des personnes de condition modeste. Quand je retournerai à la maison je me réjouirai d'avoir un bon repas, car ce que nous appelons « dîner de famille » est complètement inconnu ici. On a des « parties » de repas cinq fois par jour, mais jamais un repas complet. La viande est horrible, et je ne pourrais dire que rarement de quel animal elle provient. On me donne deux œufs à la coque pour souper, je m'arrange de façon à vivre, mais le beefsteak *n'existe-t-il* plus que dans le pays des rêves? et la dinde n'est-elle qu'une fiction de mon imagination? Le pain et le beurre sont excellents, mais il est difficile de ne vivre que de « pain sec ». M. F. dit qu'à sa pension on lui donne « de la soupe de pêches, de la soupe de cerises et de la soupe de prunes! »

Aussitôt après vous avoir écrit, je suis allée chez Kullak, ainsi que je vous en avais annoncé mon intention, et je me suis arrangée avec lui pour pour prendre une leçon par semaine. Il paraît avoir cinquante ans et est charmant, j'en suis enchantée. Son jeu est magnifique, c'est un professeur hors ligne, mais il me donne tant à travailler qu'il me semble qu'une montagne de musique pèse toujours sur ma tête; en outre, il est si occupé que je serai obligée de prendre ma leçon entre sept et huit heures, le soir.

Le Conservatoire de Tausig ferme le premier octobre, ce que je regrette, car mes trois amis, M. Trenkel, M. Weber et M. Beringer, vont partir et je me trouverai fort isolée sans eux. Weber est un très bel homme, il a le plus beau front que j'aie jamais vu ; il compose comme un ange, et il est remarquablement intelligent sous tout rappc.t. Il sera célèbre un jour, j'en suis certaine ; il appartient à la Musique de l'Avenir. Beringer est poétique, animé et passionné. Il a des cheveux d'or et des yeux d'or, si je puis dire, car ils ont une teinte toute particulière, presque jaune, chaude et brillante, avec une douceur d'expression qui est très captivante. Weber ne parle pas anglais et comme il est suisse, son dialecte est complètement différent de l'allemand parlé à Berlin, ce qui fait que j'ai été longtemps avant de le comprendre. C'est un véritable enfant, à l'humeur très changeante. Lui et Beringer sont pour moi des amis dévoués ; ils ont à peu près mon âge. Trenkel est plus âgé et le paraît, avec ses cheveux noirs, ses yeux brun foncé et sa peau à la teinte ombrée comme celle d'un italien. Il possède une haute culture intellectuelle et un caractère original qui m'intéresse beaucoup. Il a passé la plus grande partie de sa vie en Amérique, d'abord à Boston, dont tous les habitants lui semblent familiers, puis à San-Francisco, où il fait le projet de retourner. Il a étudié avec Tausig pendant deux ans, et je le trouve un musicien céleste, bien qu'il n'ait pas la grande technique et la passion de Beringer. Sa composition musicale est plutôt du genre Chopin, car son interprétation est très finement nuancée et « unie » comme celle des Allemands.

Il m'était très agréable d'avoir ces trois amis musiciens qui jouaient mieux que moi, et se rencontraient souvent dans ma petite chambre, où ils faisaient de la jolie musique. Weber et Beringer ont pris le thé avec nous pas plus tard qu'hier soir ; Weber était dans un de ses moments de bonne humeur et nous a joué, à Beringer et à moi, les plus jolies de ses compositions. Nous nous étions confortablement installés pour l'écouter, l'un sur deux chaises, l'autre sur le sofa, et nous étions charmés. L'andante d'une grande sonate qu'il est en train de composer est ravissant, très original et ne ressemble à aucune musique que j'aie entendue. Puis il a joué le second mouvement de sa symphonie qui est le morceau le plus exquis que vous puissiez ima-

giner. Je lui avais demandé de composer quelque
chose pour moi, et hier matin il a écrit sept ma-
zurkes l'une après l'autre. J'ignore s'il m'en donnera une, car il est comme tous les génies, peu
prodigue de ses dons. J'aimerais cependant avoir,
ne fût-ce que quelques mesures écrites par lui; il
est si personnel qu'elles mériteraient d'être conservées.

Weber a une attitude très gracieuse quand il
joue; il ne regarde jamais le clavier, et ses grands
yeux bleus se perdent rêveusement dans le vague,
tandis que son noble front blanc reste droit. Sa conception musicale est extrêmement développée, mais
comme il n'étudie que lorsque cela lui plaît (ainsi
qu'il fait toute chose), il n'atteint pas les deux autres. Tausig lui a éclaté de rire au nez à sa dernière leçon. A propos, cet individu est revenu aussi
soudainement qu'il est parti, mais il a annoncé
qu'il ne donnerait plus de leçons, excepté à ses trois
favorites. Les autres peuvent en chercher. Cela m'a
laissée indifférente, puisque je m'étais déjà arrangée
avec Kullak qui est à présent le premier professeur
en Allemagne, tous les plus grands virtuoses ayant
abandonné l'enseignement.

Je ne m'attendais pas à trouver en Kullak un

artiste aussi splendide. Il avait une grande réputation, mais comme il avait cessé de jouer dans les concerts, je supposais qu'il avait perdu de son talent. Je m'aperçois, cependant, que j'étais dans l'erreur. On peut comparer son jeu, sans qu'il en souffre, avec celui de Tausig, que j'ai entendu si souvent. Pourquoi n'a-t-il pas continué à jouer en public, je ne peux me l'expliquer, mais on m'a dit qu'il était trop nerveux. Comme tous les artistes, il est très séduisant, rempli de fantaisies et de caprices. Il connaît tout ce qui a trait à la musique, et quand je prends mes leçons, il s'assied à un second piano, à côté du mien. Il sait par cœur tout ce qu'il enseigne et joue quelquefois avec moi, quelquefois avant moi, me montrant toutes sortes de manières d'exécuter certains passages. Il me donne des idées sans fin. J'ai eu beaucoup de plaisir à jouer mon *Concerto* de Beethoven, car il m'a accompagnée en exécutant toute la partie d'orchestre. Vous comprenez combien il est intéressant de jouer ainsi avec un aussi grand artiste à un second piano !

Kullak n'est pas, à beaucoup près, un professeur aussi terrible que Tausig. C'est avec la plus grande patience et gentillesse qu'il vous aide, tandis que Tausig vous agaçait continuellement, en vous

disant, ce que vous sentiez trop vivement, que votre
jeu est « épouvantable ». Quand Tausig s'asseyait
au piano, avec son air impatient, jouait quelques
mesures et me disait de les rendre exactement de la
même manière, il me semblait qu'on désirait me faire
reproduire l'image d'un éclair avec le bout d'une
allumette mouillée. A la dernière leçon que Tausig
m'a donnée, il avait cependant complètement changé
de ton, il était très doux. Je crois qu'il regrettait de
m'avoir fait pleurer à la leçon précédente, car lorsque je me suis assise pour jouer il s'est tourné vers
la classe, et a fait quelques plaisanteries sur ces
« américaines sensibles ». Puis il est venu auprès
de moi, il ne pouvait être plus gentil. Quand j'ai eu
fini, il s'est assis au piano, m'a joué mon morceau
en entier, chose qu'il fait rarement, y a introduit
un trille magnifique en doubles *tierces* et a fini
avec un tour spécial dans lequel il a déployé sa virtuosité. Mais ce n'a été qu'un moment, car il est
très orgueilleux et a trop de mépris de la « parade »,
aussi s'est-il repris immédiatement. On eut dit que
ses doigts se lançaient dans les trilles malgré lui
et qu'il était obligé de les retenir. C'est vraimen
un être étrange, inscrutable.

Berlin, le 13 octobre 1870.

La chambre que j'ai dans notre nouveau logement est charmante; elle est grande, en façade, sans vis-à-vis; elle donne, de l'autre côté de la rue, sur les jardins du prince Albrecht. Ce n'est pas ordinaire d'avoir une aussi jolie vue, surtout à Berlin, et il y a si longtemps que je n'ai vécu au milieu des arbres que toute cette verdure a d'abord affecté mon esprit. Lorsque je m'assieds près de ma fenêtre et que j'entends les feuilles bruire au vent d'automne, que je les vois trembler, je pense qu'elles n'ont plus que quelques courtes semaines à s'agiter sous la brise, ce qui me rend fort triste car je suppose que nous allons avoir deux mois de très mauvais temps.

Hier, j'ai pris ma quatrième leçon avec Kullak. Il me joue beaucoup plus de choses que Tausig, et je suis surprise des progrès que j'ai faits depuis un mois. Tausig daignait jouer seulement quelques passages, accidentellement, et nous n'avions qu'un piano dans la salle où il donnait ses leçons. Dans celle de Kullak il y en a deux, l'un à côté de l'autre. Je me mets à un piano, lui à l'autre, et comme il sait par cœur tout ce qu'il enseigne, ainsi que je vous l'ai déjà dit, il joue avec moi, ou avant moi, de sorte que je peux saisir beaucoup mieux ce qu'il m'explique. Quelquefois, il répète un passage et moi, après lui, comme un perroquet, jusqu'à ce que je l'exécute parfaitement bien. Il a, dans son jeu, cette élégante fantaisie de style, bien finie, que possèdent Thalberg ou De Meyer. Sa renommée est grande comme professeur, plus étendue peut-être que celle de Tausig, mais j'ai été trop peu de temps avec Tausig pour être à même de juger personnellement et de me prononcer en faveur de l'un ou de l'autre.

Berlin, le 25 novembre 1870.

Joachim, qui demeure ici, a commencé à donner sa série annuelle de soirées. C'est un génie merveilleux, un artiste sublime, et je suis étonnée de nouveau chaque fois que je l'entends. Il tire les *tons* les plus extraordinaires de son violon, et avec tant de puissance que l'on s'imagine qu'il y a plusieurs exécutants. Son expression est si merveilleuse qu'il s'empare de son auditoire dès qu'il commence à jouer, et le domine jusqu'au moment où il cesse, exerçant sur lui une influence réellement magnétique.

Samedi soir, je suis allée à un concert superbe, donné à l'Académie de Chant où l'acoustique est parfaite ; l'orchestre royal jouait et l'exécution produisait un effet phénoménal. Ordinairement cet orchestre joue à l'Opéra, qui est beaucoup plus vaste, aussi l'effet n'est pas aussi grand. Le dernier morceau du programme était le « Ritt der Walkiren », par Wagner. C'était la première fois qu'on l'entendait à Berlin ; c'est une composition superbe. J'en ai été enchantée et tout le monde était si ravi que les « bravos » résonnaient dans toute la salle. Tausig a joué le concerto en *mi* mineur, de Chopin, dans son style glorieux, il a déployé tout son art et lorsqu'il est arrivé à la fin, non seulement l'orchestre l'applaudissait, mais même le directeur qui frappait avec son bâton sur son pupitre, comme un fou. Je me disais à part moi que c'était une belle position, celle dans laquelle un homme pouvait exciter un tel enthousiasme dans le cœur de vieux et consommés musiciens. Que direz-vous quand je vous citerai comme spécimen de sa virtuosité ce haut fait de jouer en octaves au lieu de simples notes, le passage de la fin, long de deux pages, qui est pour deux mains en unisson? — gigantesque! (1).

(1) Plus tard, Kullak donna ce grand concerto à étudier à miss Fay et, la voyant lutter contre ses difficultés, il lui dit : « Ah oui, Fraulein, quand je pense au temps et au travail que j'ai consacrés à ce concerto dans ma jeunesse, je verserais des *larmes de sang!* »

CHAPITRE V

Concerts. — Encore Joachim. — Wagner.
Une femme chef d'orchestre. — Ovation à Wagner à Berlin.

Berlin, le 11 décembre 1870.

Je n'ai pas fait grand chose dernièrement, ayant passé beaucoup de temps à des concerts, tous admirables. Je voudrais que vous puissiez entendre Joachim ! Je suis allée hier à sa troisième soirée et il est certainement la merveille de notre époque, à moins que je n'aie eu le délire ; il me serait impossible de le dépeindre. Un de ses morceaux était un quartette par Haydn, absolument ensorcelant. Il a admirablement joué l'adagio et tirait de son violon des tons si pathétiques qu'ils vous pénétraient comme une lame d'acier. Le dernier mouvement, le plus gai du morceau, était une gigue ; il a passé comme un oiseau-mouche, Joachim jouait chaque note si vite et si distinctement, que l'on ne se possédait plus d'enthousiasme et que l'on a lancé de formidables *bis*.

Joachim est si hardi ! Vous ne pouvez vous imaginer quels coups d'archet il donne au violon — ni quels tons il lui fait rendre. Quand il fait ses grands tours de force, ses doigts se précipitent en courant sur les cordes, comme ceux de Tausig sur le clavier. Et si librement ! Et quelle conception musicale ! A l'entendre, il semble que Beethoven se révèle, en chair et en os.

L'autre jour, j'ai entendu une dame pianiste qui joue admirablement et qui devient célèbre. C'est Fraulein Menter, de Munich. Elle a été élève de Liszt, Tausig et Bulow. Quelle constellation de maîtres ! Elle est aussi jolie que possible et est charmante quand elle est assise au piano, jouant morceau après morceau. Je l'envie énormément. Elle joue tout par cœur et a donné son concert sans le concours de personne, si ce n'est que l'on a chanté quelques romances et que, à la fin, Tausig a joué avec elle un duo pour deux pianos, dans lequel elle tenait le second piano. Pensez ce qu'elle doit bien jouer pour qu'un aussi grand artiste condescende à faire une telle chose ! C'était si joli qu'on a beaucoup crié *bis* ! Tausig lui a fait signe d'avancer, alors elle lui a jeté un coup d'œil interrogateur, puis a fait un ou deux pas.

Tausig souriait et l'applaudissait autant que tout le monde. Je trouvais fort galant de sa part de battre ainsi des mains devant tout l'auditoire, sans prendre pour lui aucun des applaudissements, car sa partie était aussi importante que celle de Fraulein Menter et c'est un bien plus grand artiste. J'ai cependant énormement apprécié Fraulein Menter qui dépasse de beaucoup Mehlig et Topp, bien que Mehlig ait la réputation de posséder une technique remarquable.

Berlin, le 26 février 1871.

Je vous envoie une romance prise dans les *Maîtres Chanteurs*, et que je trouve une des plus belles que j'aie jamais entendues. On l'appelle la *Romance du rêve de Walter*. Walter voit sa fiancée dans un songe ou une vision, telle qu'elle sera lorsqu'il l'aura pour femme. Il faut commencer à chanter très doucement, comme si vous étiez en extase, puis, graduellement, développer votre accent de tendresse jusqu'à ce que vous arriviez à un grand éclat de passion. Vous ferez partie de la musique de l'avenir si vous chantez quelque chose des *Maîtres Chanteurs*. C'est un des plus grands opéras de Wagner ; il est fort beau, d'après mon opinion, et il a provoqué une grande agitation quand il a paru cet hiver.

Tout le monde musical est en querelle au sujet de Wagner, qui donne une nouvelle direction à la musique et trouve de nouvelles combinaisons d'accords ; la moitié le soutient et déclare que dans l'avenir il se tiendra de pair avec Beethoven et Mozart ; l'autre moitié lui est opposée et dit que tout ce qu'il écrit n'est que dissonnance, qu'il est entré dans une voie fausse. Je suis moi-même du parti de Wagner, car il me paraît être un grand génie. Quel dommage qu'au point de vue moral il soit tombé si bas !

Berlin, le 22 avril 1871.

Je n'ai rien à vous dire, ayant raconté tout ce que j'ai fait dans une lettre à N... S... Dernièrement, Kullak m'a complimentée sur mon jeu, chose que je peux à peine croire. J'ai étudié une ballade de Liszt, très difficile, avec des passages d'octaves terrifiants, aussi, à présent, j'étudie les octaves systématiquement. Kullak a composé trois cahiers d'Études d' " octaves " aussi bonnes, à leur façon,

que le *Gradus ad Parnassum*. Le premier cahier
n'est qu'une préparation au second et les exercices
qu'il contient sont pour chaque main séparément.
Il y en a beaucoup pour le pouce seul, puis d'autres
pour le quatrième et le cinquième doigts tournant
l'un sur l'autre et l'un sous l'autre de toute manière
imaginable. On y trouve aussi des exercices pour
le poignet, bref, c'est le travail le plus minutieux et
le plus complet. Kullak lui-même est célèbre pour
son jeu d'octaves ; je l'avais entendu dire dans le
Conservatoire de Tausig, car Tausig avait l'habitude de recommander à ses élèves d'étudier les
Etudes d'octaves de Kullak.

Wagner est venu passer quelque temps à Berlin,
et la semaine prochaine il donnera un grand concert
dans lequel paraîtront quelques-unes de ses compositions. Il dirigera l'orchestre lui-même et Weitzmann dit qu'il s'y entend fort bien. J'ai assisté l'autre
jour, à l'Opéra, à la représentation de *Tannhauser*
et l'ouverture que je n'avais pas entendue depuis
longtemps, m'a transportée de joie. L'orchestre l'a
admirablement jouée ; je trouve qu'elle égale les
œuvres de Beethoven. La théorie de Wagner
est que la musique est un cri de l'âme, théorie
que ses compositions illustrent. Toute autre

musique pâlit devant la sienne en passion et en intensité.

Avez-vous lu la lettre que j'ai écrite à N... S..., et dans laquelle je lui disais que Alicia Hund a composé une symphonie et en a dirigé l'exécution, à l'orchestre? C'est un pas en avant fait par les femmes dans le domaine musical. Tous les messieurs étaient fort en colère de ce qu'on lui eût permis de diriger l'orchestre elle-même. Personnellement, bien que je ne fasse aucune objection à cela, je trouve que ce n'était pas une position très *gracieuse* et qu'une femme ne paraît pas à son avantage lorsqu'elle dirige un groupe d'hommes, le ton à la main.

Berlin, le 18 mai 1871.

Wagner était à peine à Berlin que son arrivée donnait lieu à une grande excitation musicale. Il a été reçu avec beaucoup d'enthousiasme, avec des ovations sans fin. Il y a d'abord eu un grand souder que Tausig et d'autres musiciens distingués offraient en son honneur. Puis, de dimanche dernier en quinze, on a donné, à l'Académie de Chant, un grand concert pour lequel les places étaient gratuites. La salle ne contenant environ que quinze cents personnes, vous pouvez vous imaginer qu'il était fort difficile de se procurer des billets; je ne l'ai même pas essayé, mais j'ai eu la chance que Weitzmann, mon professeur d'harmonie, qui est un ami de Wagner, m'en envoyât un.

Les exécutants de l'orchestre étaient nombreux, soigneusement choisis dans tous les orchestres de Berlin, et Stern qui les dirigeait, s'était donné un mal infini pour bien les former et les entraîner. Wagner est la personne du monde la plus difficile à satisfaire; il a été très mécontent du Gewandhaus, à Leipzig, qui se croit le meilleur orchestre qui existe, aussi les Berlinois s'en étaient-ils un peu effrayés. La salle était comble. Wagner a fait son entrée avec sa femme, précédé et suivi de musiciens nombreux, variés et distingués. Dès qu'il a paru, l'auditoire entier s'est levé, l'orchestre a frappé trois accords résonnants, et tout le monde a crié *Hoch*! ce qui a provoqué un tumulte étrange.

Le concert, qui avait lieu à midi, a été précédé d'une allocution de « bienvenue » prononcée par Frau Jachmann Wagner, nièce de Wagner et actrice. C'est une jolie femme blonde, forte, âgée de quarante ans, parlant parfaitement. Elle a éclaté en

larmes en finissant son discours, puis est descendue
de la scène pour aller présenter une couronne de
lauriers à Wagner, qui l'a embrassée. L'orchestre a
alors attaqué avec une grande maîtrise l'ouverture
de *Faust*, de Wagner, et ensuite la Marche Festivale
de *Tannhauser*. Les applaudissements étaient infinis,
Wagner est monté sur la scène, a adressé quelques
paroles aux musiciens et à Stern pour leur exprimer sa satisfaction, puis s'est tourné vers l'auditoire et a parlé très vite, de cette manière enfantine
que paraissent avoir tous les grands musiciens.
Pour donner à l'orchestre une preuve de son conten-
tement, il lui a demandé de jouer à nouveau l'ouverture de *Faust* sous *sa* direction. Nous étions tous
sur la pointe des pieds pour voir comment il le dirigeait, et il était vraiment étonnant. Il contrôlait
l'orchestre comme un simple instrument, et ne bat-
tait pas seulement la mesure, ainsi que le font la
plupart des directeurs, mais indiquait, par toutes
sortes de manières, ce qu'il désirait. Il était fort
difficile aux musiciens de le suivre et ils devaient
« ouvrir les yeux », ainsi que le disait B.. Wagner
leur imposa d'abord une certaine contrainte, comme
pour marquer le caractère indécis de Faust, mais
dès que Méphistophélès fit son apparition, il les

laissa donner cours à leur liberté, dans un *crescendo* terrible qui vous faisait croire que la terre allait s'ouvrir sous vos pieds. Puis, de délicieuses mélodies accompagnèrent la présence de Marguerite, et cela continua ainsi, comme une succession de tableaux. L'effet était surprenant.

J'avais une des meilleures places et je pouvais voir, tout le temps, Wagner et sa femme. Wagner a un front immense, parait on ne peut plus nerveux et a, dans la bouche, une moue désagréable qui révèle une volonté de fer. Quand il dirige l'orchestre, son excitation le met hors de lui, et c'est une des raisons pour lesquelles il est si bon directeur; l'orchestre est « emballé » par sa frénésie et chacun joue comme guidé par une inspiration soudaine.

Le but de Wagner, en venant ici, était de faire paraître les *Niebelungen*. C'est un opéra qui demande quatre soirées d'exécution. Avez-vous jamais eu connaissance d'une telle chose? Wagner entreprend tout ce qu'il fait sur une échelle colossale. Ceci me rappelle un trait que l'on m'a raconté de lui lorsqu'il était enfant. Son enthousiasme pour Shakespeare était immense, et il voulait faire aussi, lui. des tragédies. Il en écrivit une dans laquelle. au dernier acte, il fit mourir quarante des principaux personnages !

Il a donné ici, à l'Opéra, un grand concert qu'il a dirigé lui-même ; le programme était rempli de ses compositions, à l'exception de la cinquième symphonie de Beethoven, qu'il est seul, dit-il, à comprendre. Ceci surprit à Berlin, mais, après le concert, on fut unanime à déclarer ne l'avoir jamais entendue aussi bien jouée. Wagner en a une conception toute particulière. Il y avait une grande foule ; tous les artistes étaient présents, excepté Kullak, qui se trouvait malade, Tausig était au premier rang avec la baronne von S. L'orchestre devait être composé de deux cents exécutants. Les applaudissements furent on ne peut plus enthousiastes et, finalement, ils dégénérèrent en une avalanche de fleurs et de couronnes. Wagner saluait, s'inclinait, puis saluait encore ; il semblait que personne ne retrouverait jamais son calme. A la fin du concert une autre avalanche de fleurs arriva, et la *Marche du Kaiser* fut redemandée. Elle produit un effet ! Après la tempête de sons de l'introduction, les tambours font leur entrée avec un tat-tat-tat-tat-tat bref et aigu, puis les cuivres commencent l'air et l'amplifient en un crescendo qui finit en un tel éclat et retentissement que vous

vous sentez frissonner jusqu'à la moëlle des os. Il semble qu'un tremblement de terre va ouvrir le sol sous vos pieds.

Le bruit était aussi fort que celui du déferlement de la houle. Je n'ai jamais eu idée de rien, en musique, pouvant approcher de cela. Wagner me faisait penser à un Triton géant se transportant au milieu de flots et choquant, d'une main contre l'autre, de grandes vagues de son. On ne voyait pas sa figure, seulement son dos, mais l'on pouvait deviner toutes ses émotions; chacun de ses mouvements parlait. Je n'ai jamais connu personne faisant, comme lui, l'instrument prolonger autant les sons; l'effet obtenu est d'une indescriptible beauté, et encore, il se plaint qu'il ne peut arriver à faire un orchestre *tenir* le son comme il le doit.

A la fin du concert, les bouquets étaient si amoncelés sur la scène, auprès du pupitre du directeur, que Wagner n'avait plus la possibililé de se mouvoir sans en écraser quelques-uns. En somme, ce concert a été une brillante affaire et un grand triomphe pour ses amis. Il a cependant beaucoup d'ennemis ici; Joachim en est un, ce que je trouve inexplicable ; Ehlert est aussi un fort anti-wagnérien, et tous les juifs le haïssent. [Wagner]

Son caractère en est peut-être la cause. Dans son aspect, Wagner est la personnification de l'arrogance et du despotisme. Toute sa vie, il a méprisé les lois d'honneur, de reconnaissance, de morale. Son exemple est pernicieux pour les jeunes artistes, et je crois qu'il les déprave, mais dans ce pays-ci, tout est pardonné à l'audace et au génie, et je dois dire que si l'Allemagne peut *nous* apprendre la Musique, nous pouvons *lui* enseigner la Morale.

Berlin, le 25 juin 1871.

Je suis aux prises avec le concerto en *sol* majeur de Chopin; c'est la chose la plus difficile que j'aie jamais tentée. J'en étudie le premier mouvement depuis un mois, cependant je ne suis pas plus capable de le jouer que de voler dans l'air. Kullak m'a donné une bonne semonce à ma dernière leçon et m'a dit qu'il fallait m'y attacher jusqu'à ce que je *puisse* le jouer. Ce concerto demande beaucoup de facilité d'exécution et une grande rapidité; aussi me fait-il désespérer entièrement. Kullak a profité de l'occasion pour me faire passer en revue toutes les choses qu'un artiste doit pouvoir faire et je sentais, à ses questions, mon cœur s'éteindre en moi.

« Que savez-vous des doubles tierces? » m'a-t-il demandé. J'ai dû admettre que je ne savais rien des
doubles tierces; alors, il s'est précipité sur le piano
et, comme un éclair, a descendu le clavier du haut
en bas en une gamme de doubles tierces, absolument comme si c'était une simple gamme.

Sous un rapport, Kullak est plus décourageant
que Tausig, car Tausig ne jouait qu'accidentellement devant vous, lorsque c'était absolument nécessaire. Il se contentait de vous gronder et de vous
blâmer. Kullak, lui, ne gronde pas beaucoup, mais
en jouant toujours avant vous ou avec vous, il vous
fait trop voir comment les choses *doivent* être faites,
et l'évidence de vos imperfections se dresse devant
vous sans miséricorde. Mon esprit est absorbé par
cette préoccupation constante : « Quand *pourrai-je*
perler mes passages? Quand mon jeu sera-t-il parfaitement égal? Quand mes octaves viendront-elles
d'un poignet souple? Quand mes trilles seront-ils
brillants et bien soutenus? Quand mon pouce tour-
nera-t-il en-dessous et mon quatrième doigt en-des-
sus sans qu'il se produise la plus légère brisure
dans mon jeu? Quand mes arpèges auront-ils, en
montant le clavier, ce *roulement* particulier qu'un
véritable artiste sait leur donner? » etc., etc. Tout

ceci me rend le cœur lourd et me décourage d'écrire, aussi il vous faut excuser la rareté de mes lettres.

Le 4 juillet. — Comme toujours, il y a une semaine que j'ai commencé cette lettre. Je viens de décider de partir tout de suite avec Mrs et miss V. N., M. P. et Mrs, M. et miss S., pour faire un voyage d'été. Kullak prend ses vacances, ainsi je ne perdrai pas de leçons. Nous irons d'abord à Cologne, puis à Bonn, Coblentz et descendrons le Rhin. Peut-être ferons-nous une pointe jusqu'à Heidelberg. Nous avons pris des billets d'excursion qui rendent le voyage très bon marché, mais on n'a qu'une période de temps limitée. Nous pensons être absents jusqu'au 1ᵉʳ août et faisons le projet de marcher beaucoup. Nous irons à pied d'un endroit à un autre, quand le paysage sera pittoresque. Comme bagages, nous n'aurons qu'un petit sac suspendu à une courroie que nous passerons par-dessus nos épaules et dans lequel il y aura un rechange de linge, une brosse à habits, un peigne et une brosse à dents. Nous porterons toujours la même robe et ferons blanchir notre linge à l'hôtel. J'ai trouvé que c'était une bonne occasion pour moi, et comme nous serons tous des embryons d'artistes, nous vivrons

comme des Bohémiens, au petit bonheur la chance!
Si j'écrivais une nouvelle en route! ne serait-ce pas
romanesque? Malheureusement pour miss S. et
pour moi, nous n'aurons pas d'adorateurs, car
M. P. et miss V. G. sont fiancés et M. S. n'a que
dix-huit ans!

CHAPITRE VI

Difficultés du piano. — Mort de Tausig. — Vente chez Tausig. —
Joachim et sa femme.

Gotha, le 27 juillet 1871.

..... Pendant que nous étions à Bingen, nous
avons appris par les journaux la mort de Tausig.
N'est-ce pas *terrible?* Il est mort à Leipzig, le 17 de
ce mois, de la fièvre typhoïde, conséquence d'un
surmenage de mémoire trop excessif. Cela a été un
grand coup pour moi, ainsi que vous pouvez vous
l'imaginer, et je ne peux pas m'accoutumer à l'idée
que son jeu merveilleux est, avec lui, éteint pour
toujours. Si vous aviez entendu ces doigts si impec-
cablement maîtrisés, vous vous lamenteriez avec
moi. J'espérais entendre Tausig l'hiver prochain,
car, l'hiver dernier, il n'a pas donné de concert à
Berlin. Et il n'avait que trente et un ans!

Berlin, le 31 août 1871.

..... Parler de Hummel me rappelle la mort de Tausig. N'est-ce pas malheureux qu'il soit mort aussi jeune. C'était un si grand artiste !

Son caractère était étrange — celui d'un parfait misanthrope, — que personne ne connaissait intimement ; il a passé la dernière partie de sa vie dans la plus grande solitude, en proie à une profonde mélancolie. Il est tombé malade à Leipzig, où il était allé à la rencontre de Liszt ; on a eu espoir de guérison jusqu'au neuvième jour, mais dans la nuit, il a eu une rechute et il est mort le lendemain, sans agonie. Ses restes ont été apportés ici, où il a été inhumé. Tout a été fait pour le sauver, il a eu les médecins les plus célèbres, mais en vain. Mon dernier espoir de prendre des leçons avec lui s'est donc évanoui, vous le voyez ! Je ne crois pas entendre jamais un jeu de piano semblable au sien ; il était absolument infaillible et il lui eût été aussi impossible de frapper de fausses notes qu'à d'autres d'en frapper de justes. Les journaux racontent tous qu'un jour, en jouant devant ses amis, avec la musique devant les yeux, le cahier tomba sur le clavier, mais qu'il ne se laissa pas distraire et continua à jouer

sous les feuilles, ses doigts les soulevant et frappant
les accords, justes, jusqu'à ce que quelqu'un arrivât
à son aide et remit en place le cahier. Il était
étonnant et sa mort est une perte tragique pour
l'art. C'était un *véritable* artiste, mais il portait haut
son panache et avait le plus orgueilleux dédain pour
tout ce qui ressemblait au tam-tam, ou à ce qu'il
appelait *spectacle*. Je l'ai vu exécuter les difficultés
les plus incroyables sans laisser paraître aucun
signe d'effort, si ce n'est une imperceptible con-
traction du coin des lèvres. Et puis sa touche! Je
ne l'oublierai jamais, ce ruisseau d'argent sur le
clavier! Mais il s'est trop surmené et son système
nerveux entier était ébranle longtemps avant sa maladie. L'hiver dernier, il dit que l'idée de jouer en
public lui était insupportable et, après avoir annoncé
dans les journaux qu'il donnerait quatre concerts,
il retira cette annonce sous le prétexte de mauvaise
santé. Il alla alors en Italie pour y passer l'hiver,
mais quand il fut à Naples, il se dit : « Non, tu ne
resteras pas ici »; et il revint à Berlin. Il ne savait
pas lui-même ce qu'il voulait, c'était un homme à
l'esprit tourmenté et capricieux, ennemi du monde.
Son mariage y était peut-être pour quelque chose;
sa femme était aussi une excellente artiste, ils s'ap-

préciaient beaucoup mutuellement, mais ne pouvaient pas vivre ensemble. L'existence de Tausig était un mystère et sa réserve si grande que personne ne pouvait la pénétrer. Si, il y a deux ans, j'avais été au point où j'en suis à présent de mes études musicales, je serais entrée dans sa classe; la plupart de ses élèves étaient déjà des artistes, ou étaient arrivés à bien maîtriser leur technique. Plusieurs d'entre eux se sont présentés au public l'hiver dernier, et la petite Timanoff a joué des duos à deux pianos avec Rubinstein, à Saint-Pétersbourg.

Depuis mon retour, au lieu de prendre des leçons particulières avec Kullak, je suis entrée dans la première classe de son Conservatoire, et je crois qu'entendre jouer ses meilleurs élèves sera une chose fort bonne et utile pour moi.

Berlin, le 2 octobre 1871.

L'autre jour, il y a eu, dans la maison du pauvre petit Tausig, vente de tous ses meubles. Ils étaient très beaux, tous en chêne sculpté et avaient coûté cinq mille thalers. Sa garde-robe a été vendue aussi; il y avait je ne sais combien de paires de petits souliers et de bottines, ainsi que ses chaussures de concert en cuir verni ; la petite jaquette de velours qu'il avait l'habitude de porter est allée avec le reste, je l'ai vue posée sur une chaise. Je suis revenue malade à la maison et suis restée couchée deux jours, conséquence, je crois, de la fatigue et de mes tristes réflexions. J'aurais voulu acheter un tableau, mais ils ont tous été vendus en un seul lot ; il y avait d'excellents portraits de tous les grands compositeurs, de Liszt à Wagner, dans la chambre où était le piano sur lequel il jouait. Kullak déplore la mort de Tausig ; il l'avait vu à Leipzig deux jours avant sa maladie et dit que personne n'aurait pu songer à ce triste événement, tellement il avait bonne mine. Kullak déclare que Tauzig était un des trois ou quatre grands *principaux* pianistes. « Qui nous donnera une telle interprétation? » dit-il. et je fais encore écho à son interrogation en répondant tristement : « Qui, en vérité? »

Je vous dirai, en passant, que Kullak est un professeur accompli, parfait. C'est un grand ami de Liszt, qui lui a appris beaucoup de choses. Je me demande comment M. se tirera d'affaire avec lui si elle ne doit rester ici qu'un an, car mon expérience m'apprend que c'est le laps de temps qu'il faut passer dans la première classe d'un maître avant de débuter réellement. Ces grands professeurs ne voudraient pas prendre une élève nouvellement débarquée d'Amérique, et encore moins se donner de la peine pour une élève qui ne peut pas comprendre immédiatement. Je lui ai écrit aujourd'hui une lettre de trois pages dans laquelle je mets en évidence les désavantages d'un séjour en Allemagne, d'une manière suffisamment claire et vigoureuse pour l'empêcher d'avoir aucun désappointement, si elle persiste dans sa résolution de venir ici. Mes impressions ne peuvent servir de critérium, pour les impressions des autres, mais j'en suis arrivée à la conclusion que, à moins d'avoir un enthousiasme excessif pour l'art, il n'y a pas la moindre nécessité de changer de continent. Ceux qui ne peuvent pas apprécier la *culture* d'Europe font beaucoup mieux de rester en Amérique.

Berlin, le 25 décembre 1871.

Je viens d'entendre une jeune artiste de Vienne, Ignaz Brühl, qui m'a fait une grande impression ; elle est vraiment exceptionnelle et n'a pas seulement une brillante technique, mais révèle une conception spéciale et belle de la musique. — Cependant, le meilleur concert que j'aie entendu cette saison-ci, est celui que Clara Schumann a donné il y a eu huit jours lundi dernier. Elle était assistée de Joachim et de sa femme, ce qui formait une association sans pareille. Frau Joachim chante délicieusement. Ce n'est pas que sa voix soit remarquable, on en entend de semblables tous les jours, mais elle la dirige admirablement et chante les romances allemandes comme une allemande seule *pourrait* les chanter. Je n'ai jamais vu aucune femme capable de l'égaler dans un art aussi parfait et cependant sans être apparent. Elle ne s'empare pas de vous, tout d'abord, et dans les premiers temps je ne l'appréciais pas énormément, mais plus je l'entends, plus je suis frappée de son charme exquis; chaque mot prend un sens, et à cause de cela, il faut bien comprendre les paroles avant de pouvoir apprécier toute la beauté de sa voix. Une de ses romances était la *Chanson du Printemps*, de Schumann, que vous connaissez. Elle l'a commencée à mi-voix, avec un *tremolo* faisant songer au frémissement d'ailes d'un oiseau qui veut quitter son nid, puis elle a lancé sa voix avec une *telle* facilité! — comme un oiseau prenant son essor dans son vol! Je n'oublierai jamais cet effet; cela vous transportait complètement!

Non seulement elle chante admirablement, mais c'est une beauté — un peu genre bébé — et quand elle paraît dans une robe de soie rose pâle contrastant avec ses cheveux foncés et laissant voir ses épaules et ses bras magnifiques, elle est ravissante. — On m'a dit qu'elle n'était pas remarquable lorsqu'elle épousa Joachim. Vivre avec un tel génie l'a sans doute influencée, et on prétend que Joachim est si heureux qu'il voudrait ne jamais se séparer d'elle. Il est certain qu'il surpasse tout. Il a joué la grande sonate Kreuzer de Beethoven, pour piano et violon, avec Clara Schumann, et je crois que c'est *l'exécution la plus magnifique que j'aie jamais entendue*. J'adore Joachim, je le considère comme la merveille de notre époque, on tombe en extase lorsqu'on l'entend !

CHAPITRE VII

Berlin, le 10 février 1872.

Il y eut huit jours lundi dernier, je suis allée avec J. L. voir B. H. à Dresde, où nous sommes arrivés vers cinq heures du soir. La femme de chambre de B. nous attendait à la gare et nous a conduits directement chez nos hôtes, Christian Strasse. B. et Mrs H. nous ont reçus avec la plus grande cordialité et ont rendu notre séjour dans leur ville fort agréable. Je ne suis de retour que depuis avanthier, et G. est resté chez nos amis qui habitent un appartement charmant. Mrs H. est une très bonne maîtresse de maison; la cuisine était excellente, et vous ne pouvez vous imaginer le plaisir que m'a fait un déjeuner américain après deux ans de « petits pains et de café ». B. a fait de son mieux pour nous distraire, elle a envoyé beaucoup d'invitations, a offert le thé plusieurs fois, et quand nous n'avions pas de compagnie, elle nous conduisait au théâtre ou à l'opéra. Marie Wieck (la sœur de Clara Schumann), est venue un soir et j'étais très contente de la voir, car c'est une bonne artiste, dans le genre de Clara Schumann, bien que sa conception musicale ne soit pas aussi remarquable. Toutefois, sa touche est parfaite. Elle a essayé, sur la demande de B., de nous jouer quelque chose. Le piano ne lui a pas convenu, et elle s'est levée de son siège presque aussitôt après s'y être assise, en déclarant qu'elle ne pouvait pas jouer, mais que, si nous voulions aller chez elle, elle le ferait avec plaisir.

J'étais ravie de cette proposition, car j'avais le plus grand désir de voir le fameux Wieck, le professeur de tant de générations de musiciens. Fraulein Wieck, nous ayant fixé samedi soir pour notre visite, nous nous sommes rendus chez elle ce jour-là, non sans avoir été avertis par B. de la manière dont nous devions nous comporter envers le vieillard qui est très original. B. nous dit que nous devions d'abord enlever nos chapeaux, puis entrer dans le salon en disant, comme si nous étions des membres de la famille : « Bonsoir, Papa Wieck », (tout le monde l'appelle Papa) ; qu'ensuite il faudrait nous asseoir, et que si nous avions du tricot ou de la couture, ce serait fort bien; nous manifesterions ainsi notre intention de rester plusieurs heures chez lui, ce qui le disposerait en notre faveur, car il déteste une courte visite. « Vraiment, dit-il, croit-on pouvoir connaître en une demi-heure un homme aussi célèbre que moi? », puis il ajoute avec sarcasme : « peut-être désire-t-on seulement un autographe! » (chose qu'il déteste donner).

Nous avons donc suivi très fidèlement le programme prescrit. On nous a d'abord introduites dans une grande chambre, beaucoup plus longue que large, à chaque extrémité de laquelle il y avait un piano à queue. Le reste de l'ameublement était de la plus grande simplicité, et il me semble que le plancher était peint en jaune, avec un ou deux tapis, ici et là. Quelques portraits et bas-reliefs ornaient les murs. Les pianos étaient, naturellement, très beaux. Frau Wieck et « Papa » nous ont reçus fort gracieusement; ils nous ont offert le thé, mais le vieillard n'a pas tardé à devenir impatient et a déclaré que « les dames qui désiraient jouer devant lui devaient commencer, sous peine de courir le risque de ne pas en avoir le temps ». Toute sa vie est consacrée à la musique et il a, tous les soirs, une classe de jeunes filles auxquelles il l'enseigne gratuitement ; cinq d'entre elles étaient avec nous. Il est devenu très sourd, et je trouve étrange qu'il soit resté aussi sensible que jamais à tout son musical, phénomène qui se reproduit avec Clara Schumann. C'est Fraulein Wieck qui a ouvert la séance. Elle a environ quarante ans, je suppose ; elle est forte et paraît avoir un tempérament phlegmatique. Cependant elle a admirablement joué, sa touche est ravissante, et lorsqu'on l'a entendue on ne s'étonne plus que les Wieck prétendent être les seuls capables de donner une bonne touche. Elle a commencé par un nocturne de Chopin, en *fa* majeur. J'ai oublié de vous dire que, pendant tout le temps, le vieux Wieck était assis sur sa chaise comme sur un trône, et annonçait à l'avance le morceau que l'on allait jouer, en faisant une réflexion dans le genre de celle-ci : « Ce nocturne est celui que j'ai permis à ma fille Clara de jouer à Berlin, il y a quarante ans, et, en faisant la critique de son exécution, le meilleur journal s'exprima ainsi : Cette jeune fille paraît avoir beaucoup de talent. Il est dommage qu'elle soit entre les mains d'un père dont la tête est remplie de notions bizarres, nouvellement inventées — tellement Chopin était peu connu du public à cette époque »... Et ainsi de suite.

Lorsque Fraulein Wieck eut fini le nocturne, je lui demandai de jouer quelque chose de Bach, car on m'avait dit qu'elle l'interprétait d'une façon remarquable; elle me répondit que, dans ce moment, elle n'avait aucun morceau de lui dans les doigts, mais qu'elle pouvait me jouer une *gigue* d'un compositeur de son temps. Je n'ai pas bien compris le nom qui m'était entièrement inconnu; je crois cependant que c'est Haesler. Elle l'a jouée très brillamment et a ensuite attaqué le dernier mouvement de la sonate en *mi* bémol majeur de Beethoven, mais je n'ai trouvé rien de particulièrement remarquable dans son interprétation.

Nous eûmes ensuite une petite pause, puis elle me demanda de jouer, ce que je refusai, car ayant été à Dresde pendant une semaine, je n'avais pas étudié; je craignais donc de ne pas me faire rendre justice. Mes doigts sont si raides (et ainsi que Tausig le disait de lui-même, ce que j'ai peine à croire), « lorsque je suis restée quinze jours sans étudier, je ne puis rien jouer. » Le vieux Wieck ne tarda pas à se lever, à se diriger vers le piano où il fit venir les jeunes filles. Trois d'entre elles chantèrent d'une façon charmante; l'une d'elles improvisa une *cadenza* et une autre en chanta la deuxième partie sans accompagnement, ce dont Wieck fut très fier. Il exerce ses élèves de toute manière, les habitue à chanter dans tous les tons, « à monter et à descendre l'échelle », ainsi qu'il appelle la gamme.

Lorsque le maître eut fini avec le chant, Fraülein Wieck joua trois autres morceaux, dont l'un était un arrangement exquis, par Liszt, de cette romance de Schumann « *Du meine Seele* ». Elle a fini par une *gavotte* de Glück, dont Papa Wieck aurait pu dire : « C'est une gavotte d'un des opéras de Glück, arrangée pour piano, par Brahms. A l'observateur superficiel, le second mouvement paraîtra facile, mais à *mon avis* il est très difficile d'en frapper les notes exactement. » Je savais comment cette gavotte devait être exécutée, car j'avais entendu Clara Schumann la jouer trois fois, et Fraulein Wieck ne l'a pas bien rendue, à mon gré. Elle a joué le second mouvement deux fois plus vite que le premier. « Votre sœur joue le second mouvement plus lentement, lui ai-je dit. » — « *Comme ceci?* — — Je ne l'ai jamais entendue le jouer », m'a-t-elle répondu. Puis, jouant lentement : « Aussi lentement? Encore plus lentement? » m'a-t-elle dit, en recommençant une troisième fois d'après ma désapprobation. « Exactement d'après la mesure », dis-je, en secouant la tête en oracle. —« *Väterchen* » (*Petit Père*), dit-elle au vieux Wieck, Miss Fay prétend que Clara joue le second mouvement *aussi* lentement que ceci ». Je ne sais si cette correction impressionna le vieux Wieck, mais il parut *déterminé* à me faire jouer et, sur mon refus persistant, il déclara être « fort étonné qu'une jeune fille ayant étudié pendant deux ans dans les Conservatoires de Tausig et de Kullak ne puisse pas jouer un morceau en société. » Cette petite pointe me piqua, et ce fut en me disant : « *Kopf in die Höhe, Brust heraus. — vorwarts !* » «*Levez la tête, redressez-vous. — En avant !*» (formules de langage militaire usitées ici), que je me rendis au piano et jouai la sonate en *la* bémol de Beethoven, op. 110. Tout le monde était assis autour du salon, aussi immobile que des statues, et je ne puis vous dire combien je me sentais nerveuse. J'ai cru, plus de cinquante fois, que j'allais être obligée de m'arrêter car, comme toutes les fugues, c'est un de ces morceaux dans lesquels, lorsque l'on a manqué une note, on ne peut plus se rattraper; Bülow, lui-même, s'est embrouillé dans la dernière partie, à son concert de l'autre soir. Malgré tout, j'en suis arrivée à bout, et le vieux maître a eu la bonté de me féliciter chaleureusement. Il m'a dit que je devais avoir énormément travaillé et m'a demandé si je n'avais pas joué beaucoup d'Études, à quoi je lui ai répondu très poliment, en allemand, qu'il « pouvait le croire. »

J'aimerais beaucoup étudier avec les Wieck, pendant mes vacances, l'été prochain, s'ils veulent me prendre. Ils ont la réputation d'avoir un style un peu vieilli, et je ne voudrais certainement pas quitter Kullak pour eux, mais ce sont de *tels* vétérans qu'ils doivent vous donner beaucoup d'idées précieuses, Bulow a été l'élève de Wieck avant d'être celui de Liszt.

Vous ai-je dit combien Bülow m'a ravie? Son jeu est magnifique; je le place entre Rubinstein et Tausig. Je dois l'entendre encore samedi, et je vous donnerai mon opinion complète sur lui. Il est très réputé pour son interprétation de Beethoven et je voudrais que vous entendissiez la sonate du *Clair de Lune*, jouée par lui. Il fait une chose qui lui est tout à fait spéciale; il lie tous les mouvements d'une sonate ensemble, au lieu de les séparer par une pause, ce qui me plaît, car cela donne beaucoup *d'unité* à l'effet, chaque mouvement d'une sonate semblant engendrer celui qui lui succède.

Berlin, le 30 mai 1872.

Je voudrais que L. fût ici pour étudier le piano avec le fils de Kullak ; il a comme élève une petite fée de dix ans qui s'appelle Adèle aus der Ohe — (un nom d'ancien chevalier, n'est-ce pas ?) et qui est fort étonnante. Je l'ai entendue jouer, l'autre jour, un concerto de Beethoven avec accompagnement d'orchestre et une grande cadenza par Moscheles, parfaitement, sans manquer une note. Je suppose qu'elle deviendra, comme Mehlig, une grande artiste, mais peut-être, comme elle aussi, n'aura-t-elle pas une grande conception musicale et fera-t-elle tout mécaniquement. On ne peut jamais prévoir ce que deviennent ces enfants prodiges. — Je vous prie de ne pas vous former une idée exagérée de *mon* jeu, car j'avance lentement. Je ne m'attends pas à jamais égaler Miss Mehlig, mais si je peux arriver au niveau de Topp, je serai satisfaite. On ne peut s'imaginer, sans l'avoir tenté soi-même, tout le temps qu'il faut pour devenir une artiste. Mehlig, vous le savez, a étudié assidûment pendant dix ans, en étant toujours sous la meilleure direction et elle avait, probablement, au début, plus de talent que moi. Miss V. et Mr. G. qui étudient avec zèle depuis cinq ans ne sont pas plus avancés que je ne le suis à présent, pas même autant. La main et le poignet sont la base de tout, et vous savez que mes doigts sont joliment raides. On devrait commencer à étudier pendant que la main se forme et non lorsque l'on est déjà adolescent...

J'apprends, en ce moment, le concerto en *la* mineur de Schumann, que Topp a joué au festival de Handel et Haydn à Boston. La cadenza est dure à jouer, il y en a toujours une grande dans chacun des concertos de Schumann, dont celui-ci est le plus difficile. Il faut jouer cette cadenza, seule, pendant quelques instants, après un arrêt brusque de l'orchestre. J'ignore l'impression que l'on ressent lorsque l'orchestre vous abandonne tout d'un coup, que l'on est subitement privé de son appui, mais je sais que lorsque Kullak se renverse sur son siège et cesse de m'accompagner, celle que j'éprouve n'est pas agréable. Il joue avec moi sur un second piano et je me sens si agitée que mes mains tremblent; c'est un pianiste excellent, sa technique est parfaite et il n'y a rien qu'il ne puisse exécuter. Comme tous les artistes, il est capricieux et exaspérant au plus haut degré, et, ainsi que les Allemands le disent, « à un moment il est au... ciel, le

moment suivant il est à... la cave ». Il a un pré-
jugé profondément enraciné contre les Américains
et ne perd jamais l'occasion de leur faire une
remarque désagréable; il répète toujours que les
Américains n'ont pas de talent réel. Cependant,
d'après ce que je sais de son Conservatoire, ses
meilleurs élèves, ceux qui ont le plus de talent,
sont Américains. Ainsi, Sherwood qui n'a que
dix-sept ans, joue admirablement bien et compose
aussi. Dans ma classe, Miss B. et moi, sommes beaucoup plus avancées que les autres. Kullak nous fait
des compliments enthousiastes, ce qui ne l'empêche
pas, lorsque quelque élève joue mal de s'écrier:
« Vraiment, Mademoiselle, vous jouez comme si vous
veniez de l'Amérique ! » Cela nous indigne, Miss B.
et moi, et nous ne savons que faire, car nous ne
pouvons rien dire, cette remarque s'adressant à
toute la classe. Miss V. ne pouvait pas supporter
Kullak, et l'autre jour elle le lui a laissé voir, lorsqu'elle est venue avec Mr. G. prendre congé de lui,
avant de retourner en Amérique. « Quand vous
reverrai-je ? » lui a demandé Kullak, « *Jamais* »,
s'est-elle écriée. Nous n'avons qu'un moyen de
nous venger et c'est, lorsqu'il nous donne à
choisir entre deux compositions, une de lui, la

seconde d'un autre, de ne pas prendre la sienne. Ainsi il m'a dit un jour : vous « pouvez prendre le concerto de Schumann ou le mien », et sans hésiter, j'ai choisi celui de Schumann.

CHAPITRE VIII

Un futur organiste. — Kullak. — Jeu de Bülow.
Concert de Wilhemj.

Berlin, le 1ᵉʳ juillet 1872.

Depuis que je suis ici. X. est graduellement devenu
un grand joueur d'orgue et je m'imagine qu'il est
à présent un des premiers virtuoses organistes du
monde. Son activité est immense et je ne doute pas
que dans quelques années il soit une autorité dans
le domaine de la musique. C'est un beau petit
démon, qui donne à la fois une idée complète de la
malpropreté et de la bonne humeur des Allemands
et qui prétend m'être entièrement dévoué. Dimanche
dernier il était chez M. et est revenu à la maison
avec nous. Je marche ordinairement en avant avec
H. ou Herr J. et laisse X. offrir le bras à M., mais
cette fois je lui ai accordé l'honneur de l'accepter
comme cavalier. Il a à peu près un pied de moins
que moi et il trottinait à mes côtés dans un état de
satisfaction complète. Il m'a demandé de lui indi-

quer ce qu'il devrait jouer au concert; je lui ai conseillé de choisir les Prélude et Fugue en sol majeur que je venais de commencer à étudier, « *mais* lui ai-je dit, faites attention à bien les jouer, car je vais m'appliquer à les apprendre cette quinzaine-ci et je m'apercevrai si vous frappez une seule fausse note. Je vous passerai six fautes, pas une de plus, ou vous serez battu ».

Ceci l'amusa beaucoup et il me répliqua : « C'est, vous le savez, une fugue fort compliquée, qu'il n'est pas facile de jouer parfaitement, vu tous les passages où il faut employer la pédale. Que ferez-vous pour moi si je ne fais pas une seule faute ? » Je lui ai répondu que j'avais le temps de réfléchir et que je ne le croyais pas capable de jouer sans faire de faute ; c'était pour le taquiner, car je ne doute pas qu'il s'en tire à merveille.

Je souhaiterais qu'il s'adonnàt à la musique pro-fane plutòt qu'à la musique sacrée, car s'il était chef d'orchestre ou quelque chose de ce genre, il me donnerait, j'en suis persuadée, de bons coups de main. Depuis que j'ai joué du piano devant lui, il n'ose plus en jouer lorsque je suis là, et je ne m'en plains qu'à moitié, car il me fatiguait à mort avec ses improvisations. Il n'a pas de mémoire, aussi est-il toujours obligé d'improviser. J'étais souvent prise de fou rire quand il frappait avec force sur le clavier, faisant un bruit de tonnerre! C'était la chose la plus drôle que j'aie entendue, mais qui était d'un tout autre effet sur l'orgue, et lorsque je le voyais se lancer, sur cet instrument, dans un style grandiose, j'étais absolument étonnée et ne pouvais plus me réconcilier avec son jeu de piano. Il déchiffre admirablement bien, transpose à première vue et je suis témoin que, dans un grand concert à la Cathédrale il a joué un acccompagnement en le déchiffrant et en le transposant en même temps !

6 juillet. — Vous me demandez pourquoi j'ai abandonné l'idée d'aller à Dresde étudier avec les Wieck cet été. C'est parce qu'ils font tout le monde prendre leur méthode au commencement, la suivre jusqu'à la fin avant de donner un morceau, et j'estime, qu'au point où j'en suis, ce serait perdre du temps. Ils se croient seuls capables de donner une excellente touche, mais je ne voudrais pas quitter Kullak pour Fraulein Wieck qui n'est pas de sa force et n'a pas autant de réputation. Quelle que soit la façon dont Kullak me fasse enrager, je dois reconnaître que c'est un grand maître, capable de développer le talent artistique au plus haut degré.

Il irrite tant Miss B. qu'elle a une forte idée d'aller à Stuttgart, mais le Conservatoire y est si bondé d'élèves qu'il est difficile d'y être admis. Elle a écrit à Lebert (le maitre de Mehlig) pour lui demander des renseignements. Celui-ci qui est un ami intime de Kullak lui a répondu qu'il ne la prendrait que si Kullak l'autorisait, par lettre, à le quitter, qu'une raison de la plus grande importance seule, pouvait justifier l'abandon d'un tel professeur. Naturellement, ceci a été un point d'arrêt à toute tentative de départ.

J'ai complétement oublié de vous décrire le jeu de Bulow, et à présent il y a si longtemps que je l'ai entendu que mes impressions ne sont plus très vives. Il a un style majestueux et rend merveilleusement bien les phrases musicales. L'écouter est comme regarder dans un stéréoscope ; tous les détails d'un morceau se détachent clairement. Il me fait penser un peu à Gottschalk car il a beaucoup de ses manières ; son expression est on ne peut plus orgueilleuse et arrogante. Il a toujours sur la scène deux pianos à queue, un faisant face à un côté de la salle, le second à l'autre et il joue alternativement sur chacun. Lorsqu'il joue il promène ses regards sur l'auditoire, auquel il semble dire : « Vous ne comptez pas pour moi ; ce que vous pensez de mon jeu m'importe peu ». Parfois, un air de bonne humeur passe sur sa figure, c'est lorsqu'il joue un rondeau ou quelque chose de gai ; il possède une puissance magnétique remarquable, car on se sent, avec lui, sous l'influence d'une volonté extraordinaire. Beaucoup de personnes critiquent son jeu, disant qu'il est purement intellectuel, mais je trouve qu'il a trop de passion pour que ce reproche soit justifié, et, cependant, cette passion est toujours contrôlée. C'est Beethoven que, toute sa vie, il a le plus étudié ; il joue ses sonates mieux que personne.

S'il va en Amérique l'hiver prochain il vous faut trouver moyen de l'entendre *coûte que coûte*, aussi je vous conseille de faire des économies pour avoir des places auprès du piano, de façon à voir sa figure ; elle vaut la peine qu'on l'étudie. Quant à moi, j'ai toujours, ici, une place au second ou au troisième rang.

Berlin, le 27 octobre 1872.

Cette semaine a été remplie d'événements. Lundi, j'ai assisté aux funérailles du prince Albrecht, frère cadet de l'Empereur, et mardi soir je suis allée à un concert donné par une nouvelle étoile dans le monde musical, un jeune violoniste appelé Wilhelmj. Il n'a que vingt-six ans, et l'on dit que c'est un des plus grands artistes vivants, peut-être *le plus* grand de l'école romantique, car Joachim appartient à la sévère école classique. C'était la première fois qu'il se présentait à Berlin. Tous les artistes, critiques, et nombre de personnes de l'aristocratie sont venus pour l'entendre ; en regardant l'auditoire, j'ai aperçu l'un après l'autre tous les grands musiciens, aussi je tremblais pour lui. Joachim et de Ahna, entre autres, étaient présents, ainsi que mon adorable baronne von Schleinitz qui est arrivée un peu en retard, plus ravissante que jamais dans sa robe de dentelle noire, ornée de jais, et avec ses jolis cheveux bouclés formant chignon sur son aristocratique petite tête. Elle était en grand deuil du Prince, et avait même un éventail en dentelle noire derrière lequel elle cachait de temps en temps ses yeux, de sorte que l'on distinguait à peine, au travers, ses joues veloutées comme une pêche. On m'a dit qu'elle est bonne pianiste ; elle patronne beaucoup la musique et les musiciens, surtout la « musique de l'avenir » et ses fondateurs. Je la vois à presque tous les concerts. Quand sa figure est bien au repos, elle a une expression des plus charmantes et comme un air céleste dans ses yeux bleus.

Donc, ainsi que je le disais, je commençais à sentir ma tête s'étourdir à la pensée de l'épreuve que cela devait être de jouer devant un tel auditoire, lorsque j'aperçus Wilhelmj qui ne semblait pas partager mes appréhensions ; il descendait les marches avec l'air assuré et digne d'un artiste qui est maître de son instrument et sait ce qu'il peut faire. Il est très bel homme, a les traits réguliers, le front massif, avec une expression de grande force de caractère, de contrôle personnel. On eut pu se croire devant un tableau, pendant qu'il jouait, droit et calme.

A peine eut-il commencé qu'il joua une brillante cadenza et fut acclamé par un applaudissement général.

Son *ton* (ce qui est la chose importante dans le jeu de violon) est magnifique, et sa technique celle d'un maître.

Il n'a pas joué avec le sentiment de tendresse et l'étonnante variété d'expression de Joachim, mais il ne semblait pas chercher à toucher l'auditoire de cette manière. Il m'a fait penser à Tausig, au piano. Il a joué avec la plus grande maîtrise, le plus grand *aplomb* ; les cordes semblaient se fondre, tout le monde était transporté. Le second morceau a été un concerto de Raff et Wilhelmj était au milieu de l'*andante*, s'attachant davantage nos cœurs à chaque coup d'archet, lorsque, soudainement, une corde s'est brisée sous la force de ses doigts passionnés. Il a immédiatement cessé de jouer, s'est retiré à l'arrière de la scène pour mettre une autre corde. Malheureusement il n'en avait pas apporté de rechange et a été obligé d'en emprunter une à quelqu'un de l'orchestre. Weitzmann qui, dans sa jeunesse a été un violoniste de concert éminent, s'étonnait de la témérité de Wilhelmj. « Quelle imprudence ! » s'écriait-il, « et encore la corde sol ! » (une des plus importantes).

Après quelques instants, Wilhelmj est revenu sur le devant de la scène et a voulu recommencer à jouer, mais la corde était si en dehors du ton qu'il s'est retiré une seconde fois. On peut croire qu'il devait être furieux, dans son for intérieur, de cet accident pour ses débuts à Berlin ! Mais il est revenu prendre sa place, pour la troisième fois, avec la plus grande imperturbabilité, et a achevé le concerto. Tout cela a gâté l'effet général du concert, d'autant plus qu'il a été obligé de changer le solo qu'il avait l'intention de jouer, afin d'éviter, autant que possible, la corde sol. Au lieu du charmaut nocturne en *ré* bémol de Chopin (arrangé par lui), il a joué une *Aria* de Bach, mais si merveilleusement bien que je me sentais tressaillir ; jamais je n'oublierai toutes les nuances qu'il a su mettre dans ses trilles ! Son second concert, où il a joué le *Nocturne*, démontre que l'école romantique est la sienne, et il est fort regrettable que, à son premier concert, devant un grand auditoire de critiques consommés, il n'ait pas été entendu dans ce *genre*.

CHAPITRE IX

Vexation d'une étudiante. — Son succès. — Scharwenka.
Promenade à Tegel avec Joachim. — La haute école.

Berlin, le 24 novembre 1872.

J'ai subi une telle vexation, aujourd'hui, que j'en
suis hors de moi ! Je devais jouer le premier mouvement de mon concerto de Rubinstein, au Conservatoire, avec l'orchestre; je l'ai étudié assidûment
depuis plusieurs semaines, et l'autre jour, lorsque
je l'ai joué devant la classe, je crois que Kullak
lui-même était satisfait. J'entrevoyais donc avec
plaisir l'occasion de me distinguer (je l'espérais),
devant un auditoire. Ce matin, je me suis levée
de bonne heure, ai étudié pendant une heure et
demie avant d'aller au Conservatoire, où je suis
arrivée la première de tous ceux qui devaient jouer
des concertos.

Le directeur de musique Wuerst, et Franz Kullak
se chargent de donner ces leçons avec orchestre,
l'un ou l'autre les dirigeant. J'ai parlé à Wuerst, et

lui ai dit ce que je devais jouer. « Très bien »,
m'a-t-il répondu. Après cela, n'auriez-vous pas
pensé qu'il m'eût fait jouer la première? Pas du
tout. Il a d'abord écouté l'orchestre jouer une symphonie stupide de Haydn, qu'on aurait aussi bien
pu laisser de côté. Puis il a demandé en criant si
Herr Moszkowski était là. Herr Moszkowski n'y était
pas. Je commençais à m'agiter, car c'est un artiste
accompli, il a étudié avec Kullak pendant plusieurs
années et joue dans les concerts. S'il avait joué avant
moi, il m'aurait fallu double force pour rassembler
mon courage, mais il était absent. Je croyais être la
première appelée, cependant le tour a été donné à
une autre jeune fille qui a excessivement bien joué ;
Wuerst lui a fait des compliments, puis il est parti,
laissant Franz Kullak conduire l'orchestre. Une
élève de ma classe a ensuite joué le concerto en
sol majeur de Kullak on ne peut plus mal ; pauvre
fille ! elle était si nerveuse qu'elle ne pouvait faire
apprécier son jeu. Enfin, quand elle a eu fini,
Kullak a annoncé : « Nous allons avoir à présent le
concerto en *ré* mineur de Rubinstein. »

Je me suis dirigée vers le piano, ai essuyé le clavier qui était humide, et j'allais m'asseoir quand un
jeune homme s'est approché et m'a dit : « O, Frau-

lein Fay, vous avez le même concerto? Vous pourrez le jouer la prochaine fois; aujourd'hui, c'est Herr*** qui le joue. » Connaissez-vous rien de plus contrariant? J'espérais qu'au moins Herr*** le jouerait bien et m'apprendrait quelque chose, mais il l'a massacré de la plus belle façon, et il a fallu que je reste là, assise, pendant tout le morceau, dont je sentais les notes au bout de mes doigts. Maintenant, je ne sais quand je le jouerai, car les leçons ne sont pas fréquentes ni à date fixe; j'espère que ce sera dans quinze jours, mais je ne réussirai probablement pas aussi bien que je l'eusse fait aujourd'hui, toute la fraîcheur du morceau sera évanouie; je l'ai tellement étudié que je ne peux plus le supporter ni me résigner à lui consacrer encore du temps. Voilà la vie ! J'avais cru prendre toutes les précautions pour m'assurer le succès; je me suis levée de bonne heure tous les matins, ne me suis épargné aucune peine et cela pour rien, pas même pour un fiasco ! Je le regrette d'autant plus que c'est aujourd'hui le premier dimanche du mois et que je désirais aller à l'église, le mauvais temps m'ayant retenue à la maison les deux autres dimanches précédents. Malgré tout, je conserve *encore* la résolution de jouer ce concerto, mais qu'il est donc difficile d'arriver à faire ce que l'on désire, dans ce monde !

18 décembre 1872. — J'ai *enfin* joué mon concerto de Rubinstein, avec orchestre, il y a eu huit jours dimanche, et Scharwenka m'a fait plaisir en me disant que j'ai eu un brillant succès. Franz Kullak a dit que j'ai parfaitement joué mes passages d'octaves, et Moszkowski (qui, à ma grande surprise était premier violon) a applaudi.

Ce sont donc les trois personnes que je craignais le plus qui m'ont complimentée. Scharwenka et Moszkowski sont des artistes accomplis, des compositeurs exquis, et cet hiver ils jouent beaucoup dans les concerts. Scharwenka est très bel homme, c'est un Polonais, fier de sa nationalité. Un Polonais éveille vraiment l'idée de quelque chose d'intéressant et de romanesque ; il fait songer aux révolutions, conspirations, exécutions sanglantes, bals masqués, en même temps qu'à la grâce, à l'esprit et la beauté ! Scharwenka soutient, quant au dernier point, les traditions de sa race. Je ne lui ai jamais parlé, n'ayant jamais eu occasion que de recevoir son salut, aussi j'ignore quelles sont ses idées, mais, lorsque je le regarde, je me dis à moi-même sans trop savoir pourquoi, avec une certaine satisfaction :

« C'est un Polonais », et je me sens fière de connaître un Polonais ! Sharwenka a un teint olivâtre, clair, la figure ovale, les yeux brun clair (je crois) et une masse de cheveux bruns soyeux qu'il porte longs et qui tombent autour de sa tête d'une façon pittoresque et attrayante. Il préside toujours au piano les leçons avec orchestre, le dimanche matin, prend la place de celui qui manque, si c'est nécessaire, et quand on a fini de jouer les concertos il accompagne. Il se tient assis avec une dignité tranquille, une charmante sérénité, le dos à la fenêtre, pendant que la lumière joue dans ses cheveux touffus. Il a un jeu magnifique, composé dans le genre de Chopin et peut-être, plus tard, prendra-t-il un style qui lui sera personnel et fera-t-il de plus grandes choses. Tous les hivers, il donne un concert à l'Académie de chant, à Berlin.

Je vous avertis, en passant, de n'apporter aucune attention à ce que G. dit concernant la musique, car elle est incapable d'énoncer un bon jugement sur ce sujet, et elle m'agace énormément avec ses critiques ignorantes et fausses. Que peut-il y avoir de plus facile ou de plus absurde que de dire « que personne ne vous satisfait. » Fi donc ! Je trouve qu'un maître doit être jugé d'après le nombre d'exécutants qu'il forme, et quant à Kullak, depuis deux ans que j'étudie avec lui, il a, à ma connaissance, lancé six ou huit artistes, sans compter un nombre infini d'élèves qui jouent excessivement bien. On vient le trouver de tous les points du monde et lui-même est considéré comme un artiste de premier ordre.

Berlin, 14 avril 1873.

Le colonel B., m'a dit, il y a quelques semaines, que Kullak me trouvait prête à jouer dans un concert, mais s'il le pense réellement, je n'en ai aucune preuve. Il sait, en effet, que je désire jouer en public avant de quitter l'Allemagne et il ne fait quoi que ce soit pour m'y préparer. Dans son Conservatoire il n'y a rien pour vous stimuler ; c'est vraiment décourageant, autant vaudrait être une machine.

Je me propose d'aller à Weimar à la fin de la semaine, et je trouve tout étrange la perspective de connaitre enfin Liszt après en avoir entendu parler pendant tant d'années ! Je suis impatiente de le voir. On dit que tout dépend de son humeur, lorsqu'on va le trouver, aussi j'espère tomber dans un de ses bons moments. Tout le monde affirme qu'il ne donne pas de leçons, mais j'espère jouer au moins quelquefois devant lui et surtout l'entendre souvent. Heureux est le pianiste qui peut attraper même un faible reflet de son style merveilleux !

Mrs Bancroft m'a invitée, il y a peu de temps, à aller en voiture à Tegel, le pays de Humboldt, près d'ici, avec les Joachim. J'ai pu avoir trois heures de conversation avec cette idole qui est l'homme le plus modeste, le plus simple qui existe. A l'entendre parler, on ne supposerait pas qu'il pût être capable de jouer. Je me suis toujours dit que je me croirais au ciel si je pouvais jouer une sonate avec Joachim, mais j'avais supposé cette chose impossible — tellement ces maîtres artistes sont orgueilleux et se tiennent à distance. Je crois à présent que ce ne serait pas si difficile ; après tout il est si aimable ! Il est resté très froid pendant la première partie de l'excursion, et je me demandais comment j'arriverais à le faire parler, lorsque l'idée me vint de faire allusion à Wagner qu'il déteste. Il se leva, ses yeux commencèrent à briller, il fut animé et intéressant tout le reste du temps. Il dit que « Wagner avait l'illusion d'être le seul homme au monde qui comprît Beethoven, mais qu'il y en avait d'autres qui pouvaient le comprendre aussi bien que lui » — et, en vérité, il est difficile de s'imaginer que quelqu'un puisse comprendre Beethoven mieux que Joachim.

Joachim est aussi bon et généreux que Liszt pour les artistes pauvres ; il s'intéresse beaucoup à sa classe dans la Haute-Ecole, et je crois que ceux qui désirent étudier le violon ne devraient aller nulle part ailleurs. On dit que Joachim possède de charmantes qualités mondaines, qu'il a un grand talent pour recevoir avec amabilité chez lui, où il sait, en s'effaçant lui-même, procurer à chacun l'occasion de paraître à son plus grand avantage.

Berlin, le 25 février 1873.

Mon amie, Miss B., joue parfaitement à présent; et Sherwood marche en tête comme un jeune géant. Kullak a dit aujourd'hui qu'il joue le concerto en *mi* bémol majeur de Beethoven (le plus difficile de tous les concertos de Beethoven) avec une perfection qu'il a rarement vu égaler. Il faut qu'il soit un génie, car il n'a pas encore atteint la vingtaine et n'est ici que depuis un ou deux ans. Mais il a étudié, en Amérique avec notre meilleur maître, William Mason, et il jouait déjà comme un artiste avant de le quitter. Il a en plus un énorme avantage qu'aucun maître sur terre ne peut donner; c'est une parfaité confiance en lui-même. Il n'y a rien de tel que d'être sûr de soi, et je crois que c'est avec cette espèce de foi que l'on soulève les montagnes.

J'ai assisté dernièrement à deux grands concerts de Bulow et j'espère que vous entendrez ce maître un jour. C'est un artiste prodigieux; je n'ai jamais aimé un pianiste autant que lui; il possède une maîtrise si parfaite, a une telle expression et inspire tant de sympathie! Il a joué, entre autres choses, la dernière sonate de Beethoven; elle est magnifique et je l'ai même préférée à l'*Appasionata*.

LISZT

CHAPITRE X

Weimar, le 1er mai 1873.

Arrivée à Weimar hier, je suis allée au théâtre dès le soir. Les places ne sont pas chères ici. La première personne que j'ai vue était Liszt avec qui, vous le savez, je désire prendre des leçons, mais je crains que ce ne soit chose difficile, car on m'a dit que Weimar regorge de personnes qui y sont venues dans ce but. Il était dans la loge en face; je l'ai reconnu d'après son portrait et je trouvais très intéressant et divertissant de l'observer, d'autant plus qu'il se montrait aimable et empressé auprès de trois dames, dont l'une était fort jolie. Il tournait le dos à la scène, semblant ne faire aucune attention à ce qui s'y passait et cependant rien ne lui échappait, ainsi que je pouvais le voir d'après son expression et ses gestes.

Liszt est l'homme le plus frappant et le plus intéressant que l'on puisse imaginer. Grand et mince, les yeux enfoncés, les sourcils peu épais, il porte ses longs cheveux gris partagés par une raie dans le milieu ; les coins de sa bouche se relèvent, ce qui lui donne, quand il sourit, une expression rusée et méphistophélique.

Ses mains sont si étroites et ses doigts si maigres qu'ils semblent avoir deux fois plus de joints que ceux des autres; ils sont si souples, si flexibles, que l'on devient nerveux à les regarder. Je n'ai jamais rien vu de tel que la politesse de ses manières; par exemple, après avoir dit adieu aux dames, il a posé la main sur son cœur et fait un dernier salut — non avec affectation ou simple galanterie, mais avec une courtoisie qui vous fait croire qu'il n'y a pas de façonplus convenable et plus parfaite de s'incliner devant une dame.

Liszt est vraiment un excellent sujet d'étude, et la chose la plus extraordinaire en lui est son étonnante variété d'expression, ses jeux de physionomie. A un moment, sa figure sera triste, sombre, tragique, et l'instant d'après elle sera aimable, ironique, sardonique, conservant toujours le même air de grâce captivante.

Il paraît tout esprit, mais un esprit moqueur, la plupart du temps, dirai-je. J'ai entendu raconter des anecdotes remarquables à son sujet. Tout Weimar l'adore, on dit qu'il tourne la tête à toutes les femmes, que lorsqu'il sort, il salue tout le monde, comme un Roi! Le Grand-Duc lui a offert une maison parfaitement située sur le parc, dans laquelle il réside avec luxe et sans frais, chaque fois qu'il y vient.

Weimar, le 7 mai 1873.

Il est impossible de trouver un piano à Weimar, car il n'y a pas de manufacture de ces instruments de musique, et le petit nombre dont on pouvait disposer a été retenu avant mon arrivée. J'ai donc perdu une semaine entière à en chercher, obligée d'aller à Erfurt, puis à Leipzig, où je m'en suis enfin procuré un, et encore, on me l'a envoyé comme par faveur, après beaucoup de supplications. Quand je l'ai vu dans ma chambre, je me suis sentie aussi heureuse que si j'avais gagné une bataille!

Les élèves de Liszt qui sont arrivés ont été, ainsi que moi, invités à un thé, par une des amies et protégées du maitre, qui promit de venir, mais tard. Nous étions sept, trois jeunes gens et quatre jeunes filles, dont trois américaines, en me comptant. Cinq du groupe ont étudié avec Liszt, et les jeunes gens sont déjà considérés comme des artistes, par le public.

Pour passer le temps avant l'arrivée de Liszt, notre hôte nous fit jouer les uns après les autres, en commençant par le dernier arrivé, puis, lorsque nous nous fûmes tous « exhibés » en apporta de petites tables et l'on servit le souper. Nous étions au milieu du repas, tous très gais, lorsque la porte s'ouvrit soudainement et que Liszt parut. Nous nous levâmes et il donna une poignée de main à chacun de nous, sans attendre d'être présenté. Il est de taille élevée, étroit d'épaules et porte une redingote d'abbé qui lui tombe jusqu'aux pieds; en le voyant, je pensais aux magiciens de l'ancien temps, et me disais que d'un coup de baguette il pourrait nous transformer tous.

Quand il eut fini de saluer il alla s'asseoir dans la chambre voisine où les jeunes gens le suivirent, se réunirent autour de lui et lui offrirent un cigare, qu'il accepta, et se mit à fumer. Nous autres, nous reprimes notre bavardage, et je suppose que Liszt surprit quelques lambeaux de notre brillante conversation; je crois même qu'il demanda qui nous étions, car la maîtresse de maison ne tarda pas à venir nous chercher, miss W. et moi, toutes les deux étrangères et américaines, pour nous présenter.

Après les formalités préliminaires, nous eûmes
une petite conversation. Liszt s'informa si j'avais
assisté, l'autre jour, au concert de Sophie Menter, à
Berlin. Je lui répondis affirmativement, et il me dit
que miss Menter était une de ses favorites, que la
dame dont je lui avais remis une lettre l'avait beaucoup aidée. Je lui demandai si Sophie Menter était
une de ses élèves, il me répondit que non, qu'il ne
pouvait s'attribuer la gloire de ses succès. J'ai cependant appris depuis qu'il s'est toujours beaucoup
occupé d'elle, mais il ne veut pas que l'on dise
qu'il enseigne. Après avoir fini son cigare, il se
leva et annonça : « Maintenant, l'Amérique a le
pas. » Il pria miss W. de lui jouer quelque chose.
C'était une épreuve terrible pour nous, nouveaux
arrivants, car nous ne nous attendions pas à cette
réquisition. Je commençai à trembler intérieurement; j'avais été sans piano pendant une semaine
et je n'étais pas préparée à jouer devant lui; miss
W. était levée depuis cinq heures du matin et avait
voyagé toute la journée; cependant il n'y avait pas
moyen de reculer, une prière de Liszt est un ordre.
Miss W. s'assit devant le piano et se tira d'affaire

aussi bien qù'on pouvait s'y attendre, en de telles
circonstances. De temps en temps, Liszt agitait la
main et faisait un signe de tête, paraissant satisfait.
Il appela ensuite Leitert, qui joua brillamment une
composition du Maître lui-même. Liszt l'encourageait
eu lui donnant de petites tapes sur les épaules. Dès
que Leitert eut fini je me glissai dans la chambre, en
arrière, espérant que Liszt m'oublierait, mais il me
suivit presque immédiatement, comme un chat suit
une souris, prit mes mains dans les siennes et me
dit, de son ton le plus engageant : « Mademoiselle,
vous jouerez quelque chose, n'est-ce pas ? » Il a des
manières si persuasives, lorsqu'il le veut, qu'il vous
déciderait à tout tenter. J'étais dans un tel moment
de désespoir que, par contre-coup, je devins témé-
raire et, sans lui dire que je n'avais pas étudié,
que je n'étais pas prète à jouer, je m'assis et
attaquai la ballade en *la* bémol majeur, de Chopin,
comme si j'étais possédée. Heureusement que le
piano avait un excellent clavier. Liszt criait « Bravo »
toutes les deux ou trois minutes pour m'encourager,
et lorsque j'eus fini, il battit les mains en disant :
« Bravement joué ! » Il me demanda avec qui j'avais
étudié, puis fit une ou deux petites critiques. J'espérais qu'il allait me faire éloigner mon siège

et jouer la ballade lui-même, mais il n'en fit rien. Pour qu'il se décidât à toucher le piano, il fallut l'occasion suivante : Quelqu'un lui demanda s'il avait entendu jouer R., dans l'après-midi. R. est un jeune organiste de Leipzig qui avait télégraphié à Liszt pour lui demander s'il voulait l'autoriser à venir lui jouer de l'orgue. Liszt avait répondu, avec son amabilité ordinaire, qu'il était disposé à le recevoir.

« Oh ! pendant une demi-heure, il m'a fait entendre des improvisations de ce genre », dit Liszt, avec un air d'un comique indescriptible, puis il se dirigea vers le piano et, sans s'asseoir, frappa quelques accords affreux au milieu du clavier, joua quelques triolets et trilles qui finissaient en montant, avec une mimique qui nous fit éclater de rire. Ensuite, il retourna fumer dans l'autre chambre : je vis qu'il paraissait fatigué et n'avait pas l'intention de jouer, ce qui me décida à partir peu de temps après. La maîtresse de maison nous dit, à miss W. et à moi, de sortir sans qu'il nous aperçoive. Miss W. s'est rendue hier chez Liszt, qui lui a demandé si elle connaissait cette miss « Fy » et l'a priée de me dire d'aller le voir. Je me présenterai donc demain, et je me demande comment le lion se comportera quand je me trouverai en face de lui dans son antre.

Weimar, le 21 mai 1873.

Liszt est si tourmenté et assiégé par les visiteurs que j'aurais couru le risque de ne pas être reçue, si je n'avais eu la lettre d'introduction de la baronne von Schleinitz, car il l'admire beaucoup et je crois qu'elle a une grande influence sur lui. Il dit que « les personnes défilent devant lui par douzaines » et « semblent croire qu'il n'est là que pour donner des leçons ». Toutes celles qu'il donne sont gratuites, il ne se fait jamais rémunérer, son incomparable génie le rend trop grand pour cela, mais si quelqu'un a assez de talent ou lui plait, il lui permet de venir jouer devant lui. Je vais chez le Maitre tous les deux jours. je ne joue pas plus de deux fois par semaine, mais j'écoute les autres. Jusqu'à présent, nous ne sommes que quatre dans le cours et je suis la seule nouvelle élève. C'est de quatre à six l'après-midi que nous sommes reçus. La première fois que j'y suis allée, je n'ai pas joué, mais j'ai entendu Urspruch et Leitert, les deux jeunes gens que j'ai rencontrés l'autre soir, qui ont étudié longtemps avec Liszt et qui jouent admirablement bien. Fraulein Schultz et miss Gaul (de Baltimore), sont également des mieux douées.

Lorsque je suis entrée, Liszt est venu au-devant
de moi et m'a saluée d'une manière très amicale.
Urspruch était en train de jouer les *Etudes sym-
phoniques* de Schumann, qui exigent au moins une
demi-heure d'exécution. Il les jouait si parfaitement
que, pour mieux l'écouter, je retenais mon souffle,
me disant que je ne pourrais jamais arriver à ce
degré d'habileté. Liszt était de très bonne humeur
et fit même quelques bons mots. Urspruch lui demanda quel titre il devait donner à un morceau qu'il
était en train de composer. « *Per aspera ad astra* » (1),
répondit Liszt. Je me mis à rire de cette bonne trou-
vaille, et Liszt sembla content de me voir apprécier
son petit sarcasme. Je n'ai pas joué cette fois, car
je n'avais pas encore pu travailler, mais les jours
suivants j'ai étudié avec ardeur la *sonate* en *si* mineur de Chopin, qui est une grande composition et
l'une de ses dernières. Lorsque je me suis crue capable de la jouer, je suis allée trouver Liszt. Ce n'était
pas sans trembler, et je ne peux vous dire ce qu'il
m'en coûte de monter les escaliers qui conduisent
chez lui; je m'arrête presque toujours sur les marches pour rassembler tout mon courage avant de me
décider à ouvrir la porte et à entrer.

(1) Par le labeur à la gloire.

Je me sentais encore plus impressionnée ce jour-là, car c'était la première fois que j'exécutais vraiment sérieusement devant lui, et il parle si indistinctement que je craignais de ne pas comprendre ses corrections et qu'il perdît patience avec moi, vu qu'il ne supporte pas être obligé de donner des explications. Je crois qu'il n'aime pas se donner la peine de parler allemand, car il murmure ses mots et n'achève pas la moitié de ses phrases ; il m'a parlé en français tout le temps hier, aux autres, en allemand — c'est une de ses originalités, je suppose.

Aujourd'hui, quand je suis arrivée, les artistes Leitert et Urspruch, ainsi que le jeune compositeur Metzdorf, qui est toujours autour de Liszt, étaient dans le salon. D'abord Liszt s'est borné à me faire un salut et n'a remarqué ma présence que lorsque Metzdorf lui a dit : « Maître, miss Fay a apporté une sonate. » — « Ah ! c'est bien, écoutons-la, » a répondu Liszt. Il a quitté la chambre pendant une minute, ce dont j'ai profité pour demander aux trois messieurs de partir et de me laisser jouer devant Liszt seul, mais ils se sont mis à rire et n'ont pas bougé d'un centimètre. Quand Liszt est revenu, ils lui ont dit : « Croyez-vous, Maître, que miss Fay veut nous

renvoyer tous à la maison. » J'ai alors déclaré que
je ne pourrais pas jouer devant d'aussi grands artistes. — « C'est très bon pour vous, », a répliqué
Liszt, en souriant, « vous avez un auditoire très
choisi, en ce moment. »

Je ne sais s'il s'est rendu compte combien j'étais
nerveuse, car, au lieu de marcher de long en large
dans le salon, ainsi qu'il le fait souvent, il s'est assis
auprès de moi, comme tout autre professeur, et m'a
écoutée jouer la première partie de la sonate. Elle
était excessivement difficile, mais je l'avais tant étudiée que j'étais parvenue à la rendre assez bien. Rien
ne peut égaler l'amabilité de Liszt; il s'est donné
beaucoup de peine, et au lieu de m'intimider, il m'a
inspirée. Je n'ai jamais vu un professeur aussi charmant, et c'est le premier que je trouve sympathique;
vous vous sentez si libre avec lui. Il développe en
vous le vrai sentiment musical, ne vous arrête pas
à chaque instant, mais vous laisse à votre propre
inspiration. De temps en temps il fait une critique,
ou joue un passage, et vous dit quelques mots qui
donnent à réfléchir pour le reste de la vie; dans tout
ce qu'il dit, il y a quelque chose de délicat, de subtil.
Il ne s'inquiète pas de votre méthode et vous laisse
travailler vous-même le côté technique. Quand j'ai

9

eu fini la première partie de la sonate, il s'est écrié « bravo » comme toujours, puis, prenant mon siège, il a fait quelques critiques et m'a dit de jouer le reste.

Je ne connaissais qu'à moitié les autres parties, car la première était si difficile que je lui avais consacré tout mon temps. Jouer à Liszt, c'est essayer de nourrir l'éléphant du Jardin Zoologique avec des morceaux de sucre; il vous fait exécuter des passages entiers comme si ce n'était rien,.... puis s'étend gravement pour vous écouter encore! Heureusement que l'un de mes doigts a commencé à saigner; à force de jouer, la peau s'était soulevée, et j'ai eu ainsi une bonne excuse pour m'arrêter. Il paraît que cette preuve d'application lui a plu, car après avoir regardé mon doigt, il a fait entendre un « oh! » de compassion et a joué les trois dernières parties, ce qui est beaucoup, et a montré toute sa force. Je l'entendais pour la première fois, et je ne sais ce que j'ai trouvé le plus extradinaire, — le *scherzo* avec sa merveilleuse légèreté et rapidité, l'*adagio* avec ses basses pathétiques, ou la dernière partie pendant laquelle le clavier semblait être « tonnerre et éclair ». Il y a une telle vie dans tout ce qu'il joue, qu'on ne croit plus entendre de la musique, mais un être réel, qui respire, qui parle, qui chante! Il me semble, quand j'écoute Liszt, que l'air est peuplé d'esprits. C'est un véritable magicien, aussi intéressant, d'ailleurs, à regarder qu'à entendre, car sa figure change d'expression avec chaque modulation et semble refléter l'âme de son jeu. En plus, il a quelque chose d'extrêmement captivant, c'est comme une lueur de gaîté délicate qui vient éclairer de temps en temps sa figure, et qui vous ferait croire qu'un esprit joyeux cherche à jouer à cache-cache avec vous.

— Liszt est venu me voir vendredi, et il a même joué sur mon piano. Pensez, quel honneur! Il m'a aussi priée d'aller lui jouer quelque chose dans le courant de l'après-midi et m'a invitée à une matinée qu'il a donnée dimanche, en l'honneur d'une comtesse arrivée ici depuis quelques jours. J'étais la seule élève invitée, et quand je suis entrée dans le salon, il n'y avait que Liszt et trois personnes : le Grand-Duc, la comtesse von M... (princesse russe de naissance) et la femme d'un ministre russe. Ils se tenaient, tous les quatre en cercle, et parlaient français. Je n'avais aucune idée de leur véritable personnalité, car le Grand-Duc était en deuil et ne portait aucune décoration pouvant le faire distinguer. J'ai vu, cependant, que c'étaient tous des personnes de situation élevée, aussi je ne leur a pas adressé la parole, ce que je considère comme fort sage. J'aurais fort bien pu le faire, en effet, pour éviter de rester là gauchement comme un poteau, surtout ayant entendu dire que Liszt ne présentait jamais personne. Liszt m'a saluée d'une façon très amicale et m'a présentée cependant à la comtesse, qui est si hautaine, que tout ce que l'on a obtenu d'elle s'est réduit à quelques paroles glaciales. J'ai été heureuse lorsque j'ai vu d'autres personnes arriver, ce qui m'a permis de me retirer dans un coin, sans être remarquée, car je me trouvais dans une situation très embarrassante, restant ainsi debout, en étrangère, auprès de quatre grands personnages, sans oser leur parler, puisqu'ils ne s'adressaient pas à moi.

Quand tout le monde a été réuni, nous nous sommes trouvés au nombre de dix-huit, presque tous titrés; j'étais la seule sans importance de la compagnie. Liszt a été des plus aimable; il est venu plusieurs fois me trouver à ma place pour causer avec moi et semblait vouloir me mettre à l'aise; il m'a aussi promis un billet pour un concert particulier où l'on n'exécutera que ses compositions.

Liszt a joué cinq fois, mais pas de *grand* morceau, ce qui m'a désappointée, surtout parce que les trois dernières fois il a joué des *duetti* avec un des meilleurs artistes de Weimar, Lassen, qui était là.

Il m'a fait tourner les feuilles. Mon Dieu! comment lit-il? Il lit si loin en avant de ce qu'il joue, qu'il est très difficile de tourner les feuilles pour lui, il embrasse cinq mesures d'un coup d'œil, aussi il vous faut *deviner* quand il désire qu'on tourne la page. Je l'ai fait trop tard une fois, trop tôt une autre fois, et il m'a arraché le cahier des mains pour le remettre devant lui. Ce n'était pas une position agréable pour moi qui suis si timide, n'est-ce pas?

21 mai. — C'est aujourd'hui l'anniversaire de mon jour de naissance. Pour le célébrer, j'ai décidé d'aller chez Liszt. Je n'étais vraiment pas bien préparée pour jouer devant lui, mais j'ai pris sa deuxième Ballade avec l'idée de lui poser différentes questions sur quelques passages difficiles. Quand je suis entrée, il paraissait indisposé, nerveux, et il y avait beaucoup d'artistes.

Nous avons l'habitude de poser notre musique sur la table où il la prend, la regarde, et énonce le titre de celle qu'il veut que l'on joue. Il a remarqué la mienne et s'est écrié : « Qui joue cette grande et puissante de mes ballades? » Il me semblait qu'il avait demandé : « Qui a tué Cock Robin? » (1) et que j'étais la coupable, seulement je ne me sentais pas disposée à avouer avec autant de facilité que le moineau, car Liszt paraissait de mauvaise humeur ; il avait malmené celle qui venait de jouer. Finalement, je rassemblai mon courage et dis : « Moi, » ajoutant que je ne la savais pas parfaitement. « Peu importe », a-t-il répondu, « jouez-la. » Je me suis donc assise, pensant qu'il allait m'arracher la tête ; mais, c'est étrange à dire, il a paru très content et a déclaré que je l'avais « tout à fait touché! »

Imaginez cela de Liszt! et surtout lorsqu'il s'agit d'une de ses compositions !

Il m'a accompagnée à la porte quand je suis sortie, a pris une de mes mains dans les deux siennes, en me disant : « Vous vous ètes couverte de gloire, aujourd'hui. » Je lui ai répondu que je n'avais fait que commencer et que j'espérais qu'il me laisserait rejouer sa Ballade quand je la saurais mieux. « Ah ! » dit-il, « vous voulez que je vous fasse encore un plus grand compliment, n'est-ce pas ? » — « Naturellement », répliquai-je. — « *Il faut vous gâter?* » — « Oui », ai-je encore répondu, et il s'est mis à rire !

(1) Allusion à une poésie américaine.

CHAPITRE XI

Le salon de Liszt. — Une promenade d'artistes.
L'enseignement de Liszt.

Weimar, 29 mai 1873.

Je me trouve dans le paradis à Weimar, y étudiant avec Liszt, et, quelquefois je puis à peine croire que j'ai atteint ce sommet de mon ambition : être son élève! Je suis certaine que je dois cela à la lettre de la baronne von Schleinitz.

Liszt est si accablé par le nombre de visiteurs que je trouve étonnante sa politesse envers tout le monde ; c'est l'homme le plus aimable que j'aie jamais connu, bien qu'il puisse être terrible quand il le veut et qu'il sache comment faire sortir les gens de chez lui aussi vite qu'il est possible.

Je vais le trouver trois fois par semaine. Liszt ne porte pas à la maison sa longue redingote d'abbé, il en porte une courte dans laquelle il paraît beaucoup plus artiste. Sa figure est remarquablement maigre, mais sa tête est des plus imposante. Le salon est délicieux, il a été entièrement meublé pour Liszt et arrangé par la Grande-Duchesse elle-même. Les murs sont gris pâle, avec une bordure dorée qui court tout autour du salon, ou plutôt des deux salons, divisés mais non séparés, par des rideaux rouge cramoisi.

L'ameublement est également rouge cramoisi et tout est si confortable que c'est d'un grand contraste avec la raideur et la nudité ordinaires en Allemagne.

Un piano splendide est placé devant une fenêtre. (Liszt en reçoit un neuf tous les ans). L'autre fenêtre est toujours grande ouverte et donne sur le parc.

Juste en face il y a un colombier sur le toit duquel les colombes se promènent; elles volent autour et quelquefois viennent s'abattre sur l'appui de la fenêtre, ce qui fait plaisir à Liszt. Sa table à écrire est garnie de choses magnifiques, parfaitement assorties. Tout est en bronze, l'encrier, le presse papier, la boîte d'allumettes, etc.; on voit toujours brûler une bougie à laquelle Liszt et les messieurs peuvent allumer leurs cigares. Le parquet est recouvert d'un tapis, ce qui est rare en Allemagne. Ordinairement Liszt se promème, fume,... murmure (on ne peut jamais dire qu'il parle) et appelle l'un ou l'autre d'entre nous pour jouer. De temps en temps il s'assied au piano pour exécuter lui-mème quelque passage qui ne lui a pas convenu et quand il est de bonne humeur, il fait continuellement de petites plaisanteries. Son jeu a été une complète révélation pour moi et m'a inspiré une conception nouvelle de la musique. Vous ne pouvez pas vous imaginer sans l'entendre, combien il est poétique, ni les milliers de nuances qu'il peut introduire dans les choses les plus simples, en restant également grand. Du zéphir à la tempête, la gamme entière est à ses ordres.

Liszt ne ressemble en rien à un professeur, ne peut pas être traité comme tel. c'est un monarque, et quand il étend vers vous son sceptre royal, vous devez vous mettre au piano. Vous ne pouvez jamais lui demander de jouer, même si vous mourez d'envie de l'entendre; s'il est d'humeur à jouer il le fera. sinon, il faut se contenter de quelques remarques. Nous n'apportons jamais plusieurs fois le même morceau et ne le jouons entièrement qu'une fois.

J'avais préparé *Au bord d'une source* pour hier;

9.

mais je me sentais nerveuse et j'ai mal joué. Il n'a cependant pas perdu patience et s'est comporté comme si mon exécution avait été charmante, puis s'est assis et a joué le morceau tout entier, ah ! d'une façon si exquise !

Les touches semblaient onduler sous ses doigts dont les mouvements étaient à peine perceptibles. Comme il approchait de la fin, j'ai remarqué que cette petite expression comique qui lui est particulière et qu'il prend lorsqu'il veut vous surprendre venait sur sa figure, et, soudainement, il a frappé un accord inattendu et improvisé une conclusion poétique, entièrement différente de celle qui est écrite.

Pouvez-vous trouver étonnant que l'on raffole de lui ?

Weimar, le 6 juin 1873.

Au début, nous n'étions que cinq élèves admis à étudier avec Liszt, mais il y en a beaucoup d'autres depuis quelque temps. Une jeune fille de dix-sept ans appelée Laura Kahrer, élève de Henselt, à Saint-Pétersbourg, est venue avant-hier ; elle a un grand talent et il est très rare de voir une élève de Henselt. Henselt marche presque de pair avec Liszt, — il est fort difficile d'en obtenir des leçons.

Cette Laura Kah... connait presque tous les morceaux qu'on lui présente, et l'autre jour elle a fait entendre une fugue de sa composition qui était réellement vigoureuse et bonne; j'ai été tout étonnée en me rendant compte combien elle l'a travaillée. Elle a fait une grande tournée en Russie pour donner des concerts. Je n'ai jamais vu une main comme la sienne, car elle peut la rejeter en arrière de façon à mettre la paume en dehors. C'est une petite personne intéressante, aux cheveux et aux yeux bruns, laissant voir par son collier Turc et ses bijoux qu'elle a déjà gagné beaucoup d'argent. Elle a joué avec le plus grand aplomb, cependant sa touche avait une certaine dureté pour l'oreille; elle ne m'a pas transportée mais je dois remarquer que je ne l'ai pas entendue jouer beaucoup de morceaux.

Quoiqu'il en soit, tout jeu semble vide auprès de celui de Liszt qui est l'incarnation vivante de la poésie, de la passion, de la grâce, de l'esprit, de la coquetterie, de l'audace, de la tendresse et de tous les attributs fascinateurs que l'on puisse ima-

giner. C'est l'être le plus phénoménal, à tout point
de vue ! Tout ce que vous avez entendu dire de lui
ne peut vous en donner aucune idée ; bref, il représente l'entière série des émotions humaines. C'est
un prisme à plusieurs côtés qui renvoie la lumière
sous toutes ses couleurs, peu importe comment on le
regarde. Ses élèves l'adorent, tout le monde en
fait autant ; il est impossible qu'il en soit autrement avec une personne dont le génie éclate continuellement et dont le caractère est aussi séduisant.

Weimar, le 6 juin 1873.

Un jour, cette semaine, Liszt était de si bonne
humeur qu'il semblait avoir rajeuni de vingt ans.
Un des étudiants du Conservatoire de Stuttgart,
appelé V. . paraissant excessivement nerveux, se
mit à jouer un des concertos de Liszt qui ne cessa
de lui envoyer ses petites salves de satires, mais d'un
air tout à fait bon enfant. Si j'avais été à la place
de V... je n'y aurais pas fait attention, je crois que
cela m'aurait plutôt inspirée, mais le pauvre V...
ne savait plus s'il était sur sa tête ou sur ses pieds !
A un certain moment il joua trop faiblement un
passage et Liszt pris sa place en déclarant :

« Quand je joue, je joue toujours pour les personnes qui sont dans la galerie, afin que même
ceux qui ne paient leur place que quelques centimes
puissent entendre quelque chose. » (En parlant de
la galerie Liszt faisait allusion au poulailler où le
peuple se rend et où les places ne coûtent presque
rien.) Puis il commença à jouer et je voudrais que
vous l'eussiez entendu ! Les sons n'étaient pas très
forts, mais très pénétrants, de longue portée. Quand
il eut fini il leva une main en l'air, et il nous sembla voir paraitre, comme dans une vision, les gens de
la « galerie » grisés par la mélodie. Voilà la
manière dont Liszt enseigne, il vous présente une
idée qui prend possession de votre esprit et y
demeure. Pour lui, la musique est une chose si
réelle, si visible, qu'il trouve toujours instantané-
ment, dans le monde matériel, un symbole pour
exprimer son idée. Un jour, je faisais en jouant,
une espèce de mouvement rotatoire de la main fort
difficile à éviter. « Gardez votre main tranquille,
Mademoiselle, » dit Liszt, « ne faites pas d'ome-
lette ». Je ne pus m'empêcher de rire de cette façon
amusante de me donner sur les doigts.

Liszt est malheureusement beaucoup trop avare
de son jeu, et ainsi que Tausig, ne joue ordinai-

rement que quelques mesures à la fois. On est toujours déçu lorsqu'il s'arrête, c'est juste au moment
où vous êtes le plus captivé, mais il est si blasé
qu'il ne tient pas à montrer son talent et n'aime
pas qu'on lui fasse de compliments; cela l'ennuie,
même à la cour où la Grande-Duchesse a recommandé de ne faire aucune manifestation d'enthousiasme lorsqu'il quitte le piano.

Il y avait là, ce même jour pendant lequel Liszt
était de si bonne humeur une dame qui, avec son
mari, avait fait un long voyage pour venir à Weimar
dans l'espoir d'entendre jouer le Maître. Elle
attendit longtemps et patiemment durant la leçon,
et Liszt ayant enfin pitié d'elle, s'assit devant le
piano en faisant sa remarque favorite, que « les
jeunes dames jouaient beaucoup mieux que lui,
mais qu'il ferait tous ses efforts pour les imiter. »
Il joua merveilleusement une de ses compositions
et lorsqu'il eut fini nous restâmes tous silencieux
sentant que nous ne devions *rien* dire. Et lui,
comme s'il craignait les éloges, se dirigea vers un
de ses amis qui habitait une propriété près de
Weimar et lui dit du ton le plus indifférent : « A
propos, et ces œufs, allez-vous m'en envoyer
quelques-uns ? »

Je me demande comment il peut nous écouter jouer ; nous devons lui déchirer les oreilles et tout *doit* lui paraître dénué d'expression en comparaison de sa puissante interprétation. En effet, quelle que soit la perfection avec laquelle nous jouons un morceau, si Liszt le rejoue aussitôt après nous, on peut à peine le reconnaître. Sa touche et sa façon d'employer la pédale sont deux des secrets de son jeu ; il semble plonger dans l'âme du compositeur, y puiser ses plus profondes pensées, et les ramener à la surface où elles étincellent comme des étoiles. Plus je vois et entends Liszt, plus je l'admire !

Toutes mes études musicales me semblent avoir été de simples exercices d'école, préparatoires pour jouer devant lui. Je pense souvent à ce que Tausig me dit un jour : « Nous autres artistes, comparés à Liszt, ne sommes tous que des lourdauds. » Je ne le croyais pas alors, mais j'ai vu depuis que c'est vrai, et, en étudiant le jeu de Liszt, je peux découvrir comment Tausig obtenait plusieurs de ses merveilleuses originalités. Je trouve que de toute la foule de musiciens qui a eu le privilège d'être instruite par Liszt, c'était lui qui s'en rapprochait le plus.

— J'ai commencé cette lettre dimanche et nous sommes à mardi. Hier, je suis allée chez Liszt où j'ai appris que Bulow venait d'arriver. Par extraordinaire, aucun élève n'était là et je me disposais à partir lorsque Liszt est venu me demander d'entrer un moment.

Il m'a présentée à Bulow et je me suis trouvée ainsi toute seule avec ces deux grands artistes. N'était-ce pas impressionnant? Je ne suis restée que quelques minutes, naturellement, bien que j'eusse aimé m'attarder des heures, car notre conversation était excessivement intéressante. Bulow vient d'achever une de ses grandes tournées de concerts, il a été à Londres pour la première fois ; il a donné cent vingt concerts en quelques mois ! Il est très attrayant, ainsi que tous ces maîtres, mais comme apparence, tout à fait l'opposé de Liszt, étant petit, vif, léger dans ses mouvements : il a un front hardi et orgueilleux et semble personnifier la force de volonté.

Liszt contemplait son « Hanz » (c'est ainsi qu'il appelle Bulow) avec un orgueil affectueux et paraissait très heureux de son arrivée.

M'appeler et me présenter à Bulow, au lieu de me laisser partir, témoigne bien des manières cour-

toises de Liszt qui savait que j'étais venue pour jouer
et qui ne voulait pas que je me sois dérangée inuti-
lement,... mais, au fond, je crois qu'il eût préféré
me voir au diable.

CHAPITRE XII

Expression de Liszt en jouant. — Liszt et les Conservatoires. — Epreuves des leçons de Liszt. — Bonté de Liszt.

Weimar, le 19 juin 1873.

Je puis dire que je trouve enfin réalisé en Liszt quelque chose de mon idéal, et bien au delà de ce que j'attendais! Je n'ai jamais rien vu d'aussi beau que Liszt lorsqu'il s'assied au piano, et cependant c'est presque un vieillard, à présent (1). Il éveille en moi les mêmes sentiments qu'une œuvre d'art et possède une espèce de magnétisme personnel dont j'ai peine à supporter l'influence lorsqu'il joue. En effet, il peut me faire pleurer et ce n'est pas peu dire, car j'ai entendu beaucoup de musiciens et n'ai jamais été touchée à ce point, pas même par Joachim que je trouvais divin.

Quand Liszt joue quelque chose de pathétique il semble qu'il pénètre dans votre âme, en ouvre toutes

(1) Liszt était âgé de 62 ans.

les blessures et fait revivre les anciennes souffrances. Qui ai-je donc entendu dire avoir vu, il y a quelques années, Clara Schumann assise en larmes auprès du piano pendant que Liszt jouait?

Liszt connaît son influence sur l'auditoire lorsqu'il joue, car il fixe toujours les yeux sur quelqu'un et essaye de déchirer nos cœurs. Souvent, quand il exécute un passage, laissant tomber les notes en perles du haut en bas du clavier, il me regarde en souriant pour voir si je l'apprécie. Mais je doute qu'il ressente lui-même aucune émotion lorsqu'il essaye de vous transpercer ainsi l'âme par l'intensité de son interprétation. Il écoute simplement chacune de ses notes, sachant exactement quel effet il désire produire et le moyen d'y arriver. Il représente deux personnes en une — l'auditeur et l'acteur, — mais quelle immense possession de soi-même cela implique! Peu importe la rapidité avec laquelle il joue, il vous semble qu'il a toujours « beaucoup de temps », il est inutile de s'inquiéter! Tausig avait cette façon de jouer — en repos — et sa touche était merveilleuse, mais il ne faisait jamais venir les larmes aux yeux, il ne pouvait pas, ainsi que Liszt, sonder et explorer ce labyrinthe compliqué qu'est le cœur.

Liszt fait des petites choses si ensorcelantes!
L'autre jour, par exemple, Fraülein Gaul lui jouait
un morceau dans lequel il y avait deux gammes
montantes et après chacune deux accords en staccato. Elle joua admirablement bien les deux gammes et frappa les accords immédiatement après.
« Non, non, » dit Liszt, « quand vous avez joué
une gamme il vous faut attendre un instant avant
de frapper les accords, comme si vous restiez en
admiration de votre jeu. Vous devez faire une pause
comme pour dire, « que j'ai bien joué! » Puis il
joua une gamme, s'arrêta une seconde et frappa les
deux accords en disant : « Bravo ! » il joua encore,
frappa les autres accords en répétant : « Bravo ! »
et positivement, on eût pu croire que c'était le piano
lui-même qui avait applaudi. C'est ainsi qu'il le fait
toujours parler.

Nous sommes douze environ dans le cours, à présent, et, en plus, beaucoup d'étudiants sont venus
jouer devant Liszt une ou deux fois, puis sont
partis. Fraulein Kahrer, cette chère petite élève de
Henselt dont j'ai parlé l'autre jour était du nombre
de ces derniers. Ainsi que je l'ai déjà dit, c'est
une petite personne des plus intéressante, elle
nous a raconté quelques drôles d'histoires au sujet

de Henselt qui a un caractère des plus violent et qui est très sévère. Elle m'a dit qu'un jour, pendant qu'il donnait une leçon à la Princesse Catherine (qui que soit cette princesse) il devint si exaspéré par son jeu qu'il arracha la musique et la jeta à terre. La Princesse ne perdit pas son calme, mais se croisa les bras en disant « qui la relèvera? » Et Henselt fut obligé de la remettre en place.

Je n'ai vu Liszt en colère qu'une fois, mais il était aussi terrible qu'un lion. Ce fut un jour qu'un étudiant du conservatoire de Stuttgard essaya de jouer la sonate *Appasionata*. Il avait pas mal de pratique, mais n'était pas à la hauteur du travail et, en vérité, un puissant artiste comme Tausig ou Bülow peut seul tenter de l'exécuter.

L'après-midi était chaude et le ciel menaçant. Comme l'étudiant jouait les premières notes de la Sonate, le sommet des arbres s'agita violemment et l'on entendit un roulement sourd de tonnerre dans le lointain. Liszt se tenait auprès de la fenêtre. Ah! dit-il, avec sa délicate vivacité de perception, « voilà un accompagnement bien approprié. » (Vous savez que Beethoven écrivit l'*Appasionata* un soir où il fut surpris par un orage). Si Liszt avait joué cette sonate lui-même, c'eut été tout un poème, mais il se promenait de long en large dans le salon, s'efforçant d'écouter.

Il poussa l'étudiant de côté, plusieurs fois, et joua quelques mesures; nous vîmes alors une expression de passion ressemblant à une nappe de vive lumière se répandre sur sa figure. Je n'ai rien entendu ou imaginé d'aussi magnifique que le peu qu'il joua et que la frémissante individualité de son interprétation.

L'étudiant de Stuttgart fit quelques fautes marquantes, non dans les notes, mais dans le rythme et, à la fin, Liszt éclata : « Vous venez de Stuttgard et vous jouez ainsi ! » lui dit-il. Ce fut un second orage! Il fronçait les sourcils, baissait la tête, faisant ainsi ses longs cheveux retomber sur sa figure, et il se lança dans une tirade contre les Conservatoires et les professeurs en général. Le pauvre étudiant restait là, comme un chien battu. Si j'avais été à sa place je crois que je serais rentrée sous terre, car Liszt est toujours si aimable que le contraste me frappait encore davantage.

Liszt s'arrêta tout à coup, et s'adressant à l'étudiant il lui dit d'un ton de conciliation et en souriant : « Mais ceci ne vous concerne pas, continuez à jouer, » voulant ainsi faire croire qu'il ne s'était pas mis en colère contre les étudiants, mais contre les Conservatoires.

Liszt n'a pas cette irritabilité nerveuse commune aux artistes; il possède au contraire beaucoup de calme et une douceur charmante. Je ne l'ai vu s'irriter qu'une ou deux fois, ce qui fut de courte durée et n'arriva que parce qu'il était fatigué et pas bien portant. Quand je pense aux emportements fréquents de Tausig, aux sarcasmes piquants de Kullak, je suis étonnée que Liszt s'impatiente si rarement.

Weimar, le 15 juillet 1873.

Aujourd'hui je suis plus morte que vive car, hier, Liszt nous a donné une leçon qui a duré quatre heures. Il y avait vingt artistes, tous désireux de se faire entendre. Liszt était de fort belle humeur; il a beaucoup joué lui-même, et il possède une force d'inspiration si immense, si vive, que l'on doit toujours se presser pour le suivre. C'était magnifique, mais fatigant au plus haut degré. Quand je suis revenue ici, je me suis jetée sur le sofa, croyant que je ne pourrais jamais me relever.

Les jours où je vais chez Liszt je suis vraiment surmenée par le travail. D'abord, j'étudie pendant

quatre heures dans la matinée, puis je me sens oppressée par un sentiment nerveux d'anxiété qui
m'enlève l'appétit et m'empêche de dîner, ensuite
je passe plusieurs heures chez Liszt, où des séries
de concertos, de sonates, de fantaisies, etc., se succèdent. Nous ne savons jamais devant qui nous devrons jouer car, pour les amateurs de musique, le
salon de Liszt est le quartier-général. Directeurs
de Conservatoires, compositeurs, artistes, personnes de l'aristocratie, gens du monde, etc., s'y
rencontrent, et il faut affronter leur présence le
mieux que l'on peut. Les premiers mois nous
n'étions que cinq, mais à présent c'est tout autre
chose, le salon est toujours comble.

Liszt a donné, l'autre jour, une matinée à laquelle
j'ai joué la « *Soirée de Vienne* » de Tausig, excessivement difficile, mais très brillante et originale. Je
ne sais pas comment j'y suis arrivée, car je ne
l'étudiais que depuis quelques jours, je ne la savais
même pas par cœur et ne l'avais pas jouée à Liszt,
lorsqu'il me dit la veille, vers huit heures : « Je
donne une matinée demain, apportez votre « *Soirée
de Vienne* ». Je suis revenue en toute hâte à la
maison, j'ai étudié jusqu'à dix heures, et le lendemain matin pendant quelques heures. La matinée

commençait à onze heures. Liszt joua le premier, puis une jeune dame chanta plusieurs romances. Liszt joua ensuite un morceau de piano avec accompagnement de flûte, et ce fut mon tour. J'étais aussi effrayée qu'il est possible de l'être!

Metzdorf (mon ami russe) et Urspruch s'assirent auprès de moi pour me donner du courage et pour tourner les feuilles, mais Liszt insista pour le faire lui-même, il se tint derrière moi et remplit son rôle avec son adresse ordinaire. Il dit que c'est un art de tourner les feuilles. Il a été excessivement bon et, pour me soutenir, il me disait à haute voix « charmant! » de temps en temps.

On considère comme un grand honneur d'être prié par Liszt de jouer à une matinée, et je ne sais pas pourquoi Liszt m'a fait cet honneur aux dépens de tant d'autres qui jouent beaucoup mieux que moi, surtout une jeune dame norvégienne arrivée dernièrement, qui est une pianiste hors ligne. Elle a été aussi élève de Kullak; il y a quatre ans qu'elle l'a quitté, et depuis elle a donné beaucoup de concerts. Hier, elle a admirablement joué le concerto en *la* mineur de Schumann, et j'ai été surprise que Liszt ne l'ait pas choisie, mais on ne sait jamais à quoi s'attendre de sa part.

Liszt est si changeant d'humeur qu'il faut être très perspicace pour arriver à le comprendre et, lui, peut vous critiquer à fond, sans que vous vous en doutiez. Il est rare qu'il mortifie quelqu'un par une raillerie ouverte, mais, ce qui est pire, il s'arrange de façon à ce que tout le monde sache ce qu'il pense, excepté la pauvre victime; il peut ainsi être très cruel. A côté de cela, il a le don de découvrir les meilleures qualités de chacun, de les mettre en relief.

Ceux qui ne s'entendent pas avec Liszt doivent généralement s'en prendre à leur trop grande suffisance ou à leur manque de tact. Si l'on aborde Liszt avec assurance, s'attendant à lui faire impression ou simplement pour l'honneur de dire que l'on a été avec lui, au lieu de se présenter simplement. comme on doit le faire, prêt à recevoir les conseils qu'il voudra bien vous donner, il le découvre vite et vous traite en conséquence.

Une fois, quelqu'un demanda à Liszt ce qu'il aurait été s'il n'avait pas été musicien. « Le premier diplomate d'Europe », répondit-il. Il n'est pas surprenant qu'avec ses tendances machiavéliques il s'amuse parfois à singer le présomptueux ou le sot, pour le bien des assistants, dont il souligne ainsi finement les travers. Mais la réelle base de sa nature est la compassion. « Il ne broie pas le roseau brisé et ne méprise pas le cœur humble et docile. »

Fraülein Gaul raconte une histoire caractéristique le concernant. La première fois qu'elle vint étudier avec lui, il y a environ deux ans, elle lui apporta, un jour, le scherzo en *si* bémol mineur de Chopin, un de ces morceaux faisant partie du stock que tous les artistes *doivent* apprendre et qui a été souvent défiguré, très mal joué, par nombre de débutants. A sa grande terreur, Liszt, après l'avoir regardé, s'écria dans un accès d'impatience : « Non, je ne veux pas l'entendre ! » et il le lança avec colère dans un coin. Le lendemain, il fut trouver Fraülein Gaul, s'excusa de son emportement de la veille, et dit que pour sa pénitence, il s'obligerait à lui donner, non une leçon mais deux, sur le scherzo, et de la manière la plus minutieuse et la plus soigneuse. Ce qu'il fit !

Avez-vous jamais vu un professeur de musique s'humilier ainsi devant une petite fille de quinze ans? Alors, rappelez-vous ce que Tausig, le plus grand virtuose moderne, disait de Liszt : « Aucun mortel ne peut lui être comparé. Il demeure sur une hauteur solitaire. »

Il ne faut pas penser que, parce que je révère Liszt d'une façon si illimitée, j'abandonne tous les classiques américains. En Europe, tout est bouleversé, selon nos idées morales; on n'y rencontre pas ce que nous appelons des « hommes », mais on y trouve des « artistes » que nous ne pouvons pas égaler!

Je considère Liszt comme un Maître de l'art, et c'est ainsi que j'en parle Sa simple présence est un tel stimulant et une telle joie pour ses élèves que lorsque je le quitterai il me semblera que je laisserai derrière moi la plus belle partie de ma vie.

CHAPITRE XIII

Weimar, 24 juillet 1873.

Liszt part aujourd'hui. Il devait nous quitter quelques jours plus tôt, mais l'empereur d'Autriche ou de Russie (j'ignore lequel) est venu rendre visite au Grand-Duc et naturellement Liszt était obligé d'être ici et de passer un jour avec eux. Liszt est une telle *grandeur* que les rois et les empereurs comptent avec lui. Jamais homme n'a été aussi adulé! La Grande-Duchesse vient le voir fréquemment, mais sachant que Liszt ne permet à personne de lui demander de jouer, elle n'ose s'aventurer à le faire. C'est le seul point par lequel Liszt marque le sentiment qu'il a de son élévation, car autrement ses manières sont tout à fait modestes.

Liszt doit être absent jusqu'au milieu d'août; vraiment, je serai satisfaite d'avoir quelques semaines

de repos et de pouvoir étudier un peu plus tranquillement, car, avec lui, on est toujours en grande
hâte. Il m'a donné tant d'idées que je ne peux pas
les approfondir toutes, même en me pressant..

Je dois aussi vous dire que Liszt est un compositeur merveilleux, et c'est une chose à laquelle je ne
m'attendais pas. Son oratorio de *Christus* a paru ici
cet été, et beaucoup d'étrangers et de célébrités sont
venus pour l'entendre, entre autres Wagner. Cet
oratorio est magnifique, et décidément un des plus
grands, des plus nobles que j'aie jamais entendus. Je
n'ai pas encore eu le temps de vous écrire à son
sujet, je trouvais qu'il fallait pouvoir lui consacrer
une dissertation pour lui rendre hommage. Je voudrais qu'on le jouât à Boston, car, je le dis à regret,
son orchestre et ses chœurs font lentement leur
chemin en Allemagne. Liszt m'a dit un jour tristement : « Liszt a aidé Wagner, mais qui aidera Liszt ?
Car il est beaucoup plus difficile à un oratorio,
comparé à un opéra, de se créer une place qu'à un
pianiste, comparé à un chanteur. » Il s'imagine que
les choses sont contre lui et cependant il s'est tellement adonné à la musique sacrée, de cœur et
d'âme, qu'elle est devenue pour lui, m'a-t-il dit, la
seule chose pour laquelle il vaille la peine de vivre :

Il semblerait vraiment que ses compositions de piano, son génie d'exécution lui soient devenus presque indifférents.

Et cependant que de beautés dans ses compositions ! On m'avait toujours dit à Berlin que Liszt *voudrait* être un compositeur, qu'il ne pouvait pas écrire une mélodie, qu'il n'avait pas d'originalité et que ses compositions n'étaient que brillantes, faites pour éblouir le public. Ici, j'ai occasion d'entendre ses œuvres de piano *en masse*, tous les jours, (depuis que les jeunes artistes les jouent) et mes premières idées ont été entièrement modifiées ; j'ai trouvé toutes ces assertions complètement fausses et injustes. Si, Liszt est *quelque chose*, il est *original* et ses œuvres ont leur importance. On peut s'en rendre compte en un instant, en se demandant par quoi on remplacerait sa musique si elle n'existait pas. Quand les artistes désirent produire de l'effe. et stimuler le public, « amollir les cœurs de plomb » comme le disait Chopin, que jouent-ils ? — Liszt !

Sa musique n'est pas seulement brillante ; il ne se borne pas à répandre perles et diamants à profusion sur le clavier, mais ses compositions atteignent la plus grande envergure, dans un style grandiose, franchissent toute limite et vous entraînent dans la véhémence de la passion. Et quelle délicatesse de touche dans les plus petits morceaux où il vous transporte souvent au plus haut degré de tendresse, de grâce et de badinage féerique, — et, dans les morceaux mélancoliques, quel sentiment subtil vient couvrir toutes les émotions accumulées au fond du cœur! Ils sont si riches, si harmonieux, parfois si farouches, developpent tant de sentiments élevés que lorsqu'on les entend on sent son esprit s'épanouir comme une algue marine jetée sur la surface de l'Océan...

Et que peut-il y avoir de plus profond et de plus pathétique que les transcriptions des romances de Schubert et de Wagner, faites par Liszt? Elles sont tout à fait exquises. Finalement, les compositions de Liszt résistent aux plus dures épreuves, elles se soutiennent et on peut les jouer longtemps sans en être fatigué. Elles embrassent tout élément *excepté* le classique, et encore, on peut se demander si ces idées aériennes ou véhémentes qui vous font appel à travers leurs voiles transparents et brillants ne sont pas classiques à leur façon !

Christus, de Liszt, est arrangé pour piano à quatre mains et je voudrais l'avoir, ainsi que la grande édition des sonates [de Beethoven, par

Bulow. Oh! vous ne pouvez rien concevoir de pareil
à Liszt jouant Beethoven. Quand il joue une de ses
sonates, vous vous demandez instinctivement :
« Ai-je jamais joué cela ? » Mais les sonates l'en-
nuient tant que je n'ai jamais eu le courage de lui
en apporter une. Il en a fait jouer beaucoup et je
suppose qu'il en est fatigué, peut-être est-ce aussi
parce qu'il se croit obligé d'être très consciencieux
en enseignant Beethoven ! Quand un des jeunes
pianistes apporte une sonate, Liszt prend toujours
une expression de résignation, et généralement
commence une demi protestation qu'il atténue
ensuite. « C'est bien, allez ! » dira-t-il, et il se montrera très sévère. Il prend toujours la musique quand
il enseigne Beethoven, ce qui prouve tous ses scru-
pules à son sujet car, naturellement, il sait toutes
les sonates par cœur. Il a l'édition de Bulow qu'il
pose ouverte sur l'extrémité du piano. Comme il
marche de long en large, il peut s'arrêter pour la
consulter et montrer au reste du cours les passages
que l'on joue. Il est probable que Bulow tient beaucoup d'idées de Liszt.

Un jour lorsque M. Orth jouait l'allegro de la
sonate op. 110, Liszt insista pour qu'il le fît d'une
manière spéciale et l'obligea à le reprendre, à le répé-

ter maintes et maintes fois. Il y a une ligne particulièrement difficile et Liszt voulut que tous les élèves
essayassent de la jouer. La plupart ne purent y réussir, ce qui l'amusait. — « Ah ! dit-il en riant, quand
je me mets à faire le pédagogue, je ne peux pas être
surpassé », et alors il cita, comme une illustration
de son pédagogisme, une petite anecdote ayant trait
à un ancien élève qui est à présent un artiste éminent. « J'aimais beaucoup le jeune **M...** dit-il, il
jouait parfaitement mais était enclin à la paresse. Il
m'apporta, un matin, le concerto en *mi* mineur de
Chopin et il esquiva presque ce passage difficile qui
se trouve dans le milieu de la première partie,
comme s'il ne s'était pas donné la peine de l'étudier. Son exécution n'était pas nette, et pour
punition, je l'ai fait jouer et rejouer ces deux pages
pendant une heure ou deux jusqu'à ce qu'il s'en fût
rendu maître ; quand il eut fini ses bras devaient
être prêts à se rompre ! A la leçon suivante M...
n'était pas là ; j'envoyai savoir pourquoi. Il répondit
qu'il avait été à la chasse, qu'il s'était blessé au
bras et qu'il était dans l'impossibilité de jouer. A
l'autre leçon il se présenta avec son bras en
écharpe, mais j'ai toujours soupçonné que c'était
un stratagème et que rien ne le faisait souffrir. »

« Il en avait assez pour quelque temps » ajouta Liszt avec un sourire malicieux.

Lundi, j'ai eu le plus charmant tête à tête avec Liszt, tout à fait par hasard. J'avais eu occasion d'aller le trouver et chose étrange, il était seul, occupé à écrire. Il insista pour que je reste quelques instants et nous eûmes une conversation aussi gaie et divertissante que possible. C'était vraiment la première fois que j'entendais causer Liszt, car la plupart du temps il se contente de faire de petits gestes. Il est rempli d'esprit. Nous avons parlé de la faculté de mimique et il m'a raconté une anecdote très amusante sur Chopin. Il m'a dit que lorsqu'ils étaient jeunes tous les deux, quelqu'un lui révéla que Chopin avait un talent d'imitation remarquable et qu'il demanda à Chopin de venir chez lui le lui montrer. Chopin arriva donc un jour, se mit une perruque blonde et s'habilla dans un des complets de son camarade. « J'étais très blond à cette époque, dit Liszt. Un de mes amis ne tarda pas à venir. Chopin alla à sa rencontre, et imita ma voix d'une façon si parfaite que le visiteur croyant s'adresser à moi prit un rendez-vous pour le lendemain. — Et j'étais dans la chambre — ajouta-t-il. N'était-ce pas extraordinaire? »

— Un autre soir, j'étais chez lui au moment du crépuscule. Liszt s'assit au piano et regarda un nouvel oratorio qui venait de paraître à Paris sur le même sujet que le sien : *Christus*. Il me demanda de tourner les feuilles et à le voir passer des pages entières j'en conclus que l'oratorio ne l'intéressait pas beaucoup. Le salon restait sombre car il n'y avait qu'une simple lampe dont la lumière était faible et dans cette obscurité, Liszt, par son aspect, faisait songer à Merlin l'enchanteur. Je lui demandai de me dire comment il obtenait certain effet dans la ballade de Wagner *Flying Duchmann*, mais il ne répond jamais directement à une question et il commença à prendre un air « très fin » comme diraient les Français. « Ah ! » m'écriai-je, « vous ne voulez pas le dire. » Il sourit et se mit à jouer le passage qui était un long arpège ; il produisit, je le crois, un effet de pédale. Il la garda tout le temps, joua le commencement du passage d'une sorte de manière roulante, puis le reste très pianissimo et si légèrement que les notes du chant semblaient tomber comme les fleurs d'une couronne que vous auriez ouverte pour les jeter selon votre caprice. L'effet était superbe et je lui dis que je me demandais comment il l'avait trouvé. « Oh ! j'ai inventé beaucoup de choses », me répondit-il indifféremment, « ceci, par exemple, » et il se mit à jouer une double gamme d'octaves chromatiques dans la basse. « Magnifique ! exclamai-je. » — « Ne m'avez-vous jamais entendu imiter un orage ? » me dit-il. « Non. » — « Ah ! il faudrait que vous m'entendissiez, c'est mon fort ! » Et il murmura entre ses dents avec un regard farouche comme s'il pouvait commander aux éléments : « Eh bien, ravageons la campagne ! »

Mais je suppose qu'il recula devant l'effort, je ne pus que déduire de son air et de son attitude la façon dont il *pourrait* le faire. Il se contenta de jouer quelques bagatelles en leur imprégnant son esprit *blasé*.

Hélas ! pauvres mortels ! Nous sommes souvent comme Moïse, nous ne pouvons qu'apercevoir la Terre promise, sans jamais l'atteindre et sans avoir la consolation d'être Moïse ! Mais, après tout, la vision est peut-être meilleure que la réalité; nous voyons la Terre promise entière en restant à distance, tandis qu'en y pénétrant, l'horizon se rétrécit autour de nous !

J'ai revu Liszt, une fois, de cette même humeur, mais avec un calme qui tempérait son énergie destructive. C'était lorsque Fraulein Remmertz lui jouait son concerto en *mi* bémol. Il y avait deux pianos, Fraulein Remmertz était à l'un, Liszt à l'autre, l'accompagnant et interposant de temps à autre des motifs de son inspiration. Ils arrivèrent à un endroit où il y avait une série de passages commençant au milieu du clavier ; les mains devaient frapper ensemble puis s'éloigner dans la direction opposée pour finir chaque fois par un accord vif et court. « Jetez tout par la fenêtre, » dit Liszt d'un air tranquille. Et il commença à jouer ces passages en donnant à chaque accord une sonorité qui vous saisissait comme s'il faisait tout éclater, cela, avec un entrain vous communiquant le désir de participer au travail de la démolition générale. Je n'oublierai jamais l'expression de Liszt lorsqu'il proposa si nonchalamment de « jeter tout par la fenêtre. » Je le comparais — à un gros chat ronronnant, clignotant les yeux et semblant à moitié endormi lorsque, soudainement ! — il étend ses griffes et malheur à qui se trouve à sa portée ! Peut-être le secret de la fascination qu'exerce Liszt est-il en cette émotion intense, profonde que vous sentez en lui et sur laquelle il exerce un si parfait contrôle !

Quelquefois il frappe une fausse note, ce qui ne le trouble en rien et semble, au contraire, l'amuser.

Il me fait songer dans ce cas à un des ministres du cabinet de Berlin, réputé par son talent étonnant pour faire des sottises et par son talent plus étonnant encore pour les couvrir et se tirer d'affaire. — La première partie de cette comparaison serait injuste appliquée à Liszt, parce que s'il frappe une fausse note, c'est qu'il veut bien être insouciant, mais la deuxième s'adapte à merveille à son cas en lui offrant l'occasion de montrer son ingéniosité. Il sait, en effet, arranger ce qu'il joue de façon à ce que la fausse note semble destinée à modifier le ton et à provoquer des harmonies d'une beauté inattendue.

Un accident de cette nature lui est arrivé à une matinée du dimanche à laquelle assistaient beaucoup de personnages de distinction et ses élèves; le salon était comble. Il parcourait le piano en montant, d'une façon imposante, lorsqu'il frappa un demi-ton au-dessous de celui sur lequel il avait l'intention de finir. Je me demandais s'il allait nous laisser ainsi, sans finale, ou s'il allait se corriger comme un simple mortel, en frappant le bon accord, lorsque j'aperçus sur sa figure un demi-sourire semblant dire : « Ne vous effrayez pas, il n'y a pas de quoi, » et il continua à jouer, improvisant sur le ton de la note qu'il avait malencontreusement frappée. Il exécuta d'abord un motif descendant, puis délibérément, remonta le clavier comme en une course grandiose et, cette fois, frappa le bon accord. Je n'ai jamais vu plus d'adresse. Au lieu de vous donner l'occasion de remarquer que Liszt « a fait une erreur » il vous oblige à dire qu'il a montré « comment éviter une erreur. »

Un autre jour, je l'ai entendu passer d'un morceau à un autre en faisant du finale du premier le prélude du second et les deux morceaux étaient si habilement liés que vous pouviez à peine savoir quand l'un avait fini, l'autre commencé. Personne ne pourra imiter ses basses ronflantes et ses triolets fleuris. Quelle grâce aimable ! Et ses adagios ! Lorsque vous en entendez un il vous semble que son jeu s'est élevé au point d'être dégagé de toute influence terrestre et est une exhalation de l'âme qui monte droit au ciel.

CHAPITRE XIV

Le jeu de Liszt. — Tausig. — Excursion à Sondershausen.

Weimar, le 8 août 1873.

Avant le départ de Liszt, nous avons fait une excursion à Iéna qui est à environ trois heures de voiture d'ici. Nous sommes descendus à un hôtel appelé l'*Ours*, où nous avons pris notre second déjeuner. Puis nous nous sommes rendus à un temple où Liszt nous a rencontrés, pour assister à la répétition d'un concert qui devait y être dónné à cinq heures du soir, et au programme duquel figuraient quelques unes de ses compositions.

Nous revînmes ensuite pour le dîner qui fut servi sur trois longues tables que Liszt avait arrangées à son goût, après avoir choisi sa place, au milieu. Il s'occupe toujours de tous les petits détails avec beaucoup de tact et il apporte une grande attention à ne pas laisser deux dames ou deux messieurs à côté l'un de l'autre, faisant alterner un monsieur et une dame. « Il faut un peu de variété », dit-il. Le dîner fut très gai, je pouvais causer facilement avec Liszt qui me faisait presque vis-à-vis et avec Kellerman, Bendix et Urspruch qui étaient tout près de moi. Nous fîmes des plaisanteries sans fin ; ainsi, nous avions des pommes de terre en robe de chambre et Liszt m'en lança une que j'attrapai, fort heureusement !

Parmi nous se trouvait un jeune artiste de Bruxelles nommé Gurickx, auquel je n'avais jamais adressé la parole au cours, et cela, parce qu'il parle toujours en français et que je ne connais pas cette langue. Je ne faisais donc pas attention à lui lorsque mon voisin de gauche me présenta « de la part de M. Gurickx » une fleur faite avec de la mie de pain. Elle était parfaitement réussie, je voudrais que vous l'eussiez vue ! Le pain était frais et Gurickx avait amené la mie à la consistance de l'argile, en la pétrissant entre ses doigts ; il avait si bien modelé chaque feuille et pétale que la petite fleur, qu'il avait posée sur une tige, était légère et charmante. C'était même si artistiquement fait que je me rendis compte tout de suite que Gurickx possédait le goût merveilleux des Français et devait être intéressant. Depuis lors, nous sommes devenus

très bons amis et il m'apprend le français. Il joue
parfaitement et sort du Conservatoire de Bruxelles
où Dupont est directeur du cours de piano.
C'est là que Servais a fait, lui aussi, son éducation musicale. Tous les deux me conseillent d'y
aller pendant un an, car Dupont est un très grand
maître et Bruxelles un foyer des arts et du goût —
« un petit Paris ».

Gurickx suivait les cours de l'école des Arts à
Bruxelles en même temps que ceux du Conservatoire, de sorte qu'il peint aussi bien qu'il joue et
qu'il a été très indécis lorsqu'il lui a fallu choisir
entre les deux arts. Son style est grandiose et
ardent; il prend modèle sur Rubinstein et je n'ai
jamais entendu personne jouer les rapsodies de
Liszt avec autant d'entrain que lui. Il en fait ressortir toute la puissance, le brillant, l'énergie fou-
gueuse et produit la plus grande sensation. Liszt
lui-même ne joue pas aussi bien les accords!
Peut-être est-ce parce qu'il ne cherche pas, à présent, à déployer toute sa force.

Mais revenons à Iéna. Après le repas, Liszt
nous dit : « Maintenant, il nous faut aller
à Paradis ». Donc nous nous sommes mis en
route, à pied, le long de la rivière pour cet

endroit dont le nom vient de sa situation enchanteresse.

Nous avons passé auprès de l'Université où nous
avons vu une plaque de marbre commémorative
apposée sur le mur de la chambre qu'y a occupée
Gœthe. Il me semblait étrange de me trouver aussi
près de la demeure du vénéré Gœthe avec notre également vénéré Liszt !

Nous revînmes encore le long de la rivière dont
le courant rapide passe au bas d'une colline
originalement taillée en pyramide triangulaire
aux pentes abruptes et que l'on appelle Tête de
Renard. La route passe sous une double rangée
d'arbres dont les sommets se rencontraient et for-
maient un dôme de verdure au travers duquel on
apercevait les rayons du soleil glissant sur le côté
de la colline. J'essayai de marcher auprès de Liszt,
mais il était si entouré que je restai avec un jeune
artiste appelé A..., qui était à la fois excessivement
laid et extrêmement intelligent.

A notre retour nous allâmes au concert que je
trouvai charmant; ensuite, à sept heures, nous
nous rendîmes chez un ami de Liszt qui nous avait
tous invités à prendre le thé. C'est un homme de
taille élevée, qui a une fille aussi grande et presque

aussi replête que lui ; elle est très hospitalière, et tous les deux nous ont reçus cordialement. Le thé a été servi sur de petites tables, dans le jardin, et les saucisses cuites sur un feu en plein air. Nous nous sommes assis sans ordre, pêle-mêle ; je me suis placée auprès de Liszt qui, pendant le goûter, ne cessait de remplir mon assiette. Après le thé, Liszt s'est retiré avec quelques amis dans un petit kiosque, pour fumer, et nous nous sommes éparpillés sur l'herbe jusqu'au moment où il nous a donné le signal du départ.

On m'a parlé dernièrement d'un nouveau maître de musique. Quand mon amie Miss B... est venue ici, elle m'a dit qu'elle avait rencontré un « Directeur Deppe », à Berlin, après mon départ, et qu'elle lui avait fait allusion à mes efforts pour réussir au piano. Il parut très intéressé et dit : « Oh ! si elle était venue me trouver je l'aurais aidée ! » D'après tout ce que j'entends dire de lui, je crois qu'il serait... le professeur qu'il me faut Il s'intéresse beaucoup à Sherwood qui m'avait parlé de lui l'hiver dernier et il voudrait lui donner des leçons, s'il le pouvait, uniquement par intérêt pour son talent. Sherwood dit qu'il est, en effet, entièrement dévoué à l'art que la musique est sa vie, et qu'il possède, en plus un noble cœur. Sherwood dit aussi n'avoir jamais rien entendu d'aussi beau que le jeu d'une élève que Deppe a complètement formée lui-même et qu'il va lancer l'hiver prochain. Il la garde auprès de lui tout l'été et la fait perfectionner les morceaux du programme qu'elle réserve pour Berlin. Pensez quelle assurance doit lui donner une telle préparation !

Weimar, le 23 août 1873.

Liszt est de retour de son excursion. Il m'a fait jouer deux fois cette semaine et je dois retourner chez lui lundi. Il m'a comblée d'éloges, mardi dernier, et m'a dit que je jouais admirablement. Je m'étais aperçue, pendant ma leçon, qu'il était content, car chaque fois qu'il me corrigeait il me disait : « Nein, Kindchen », d'une manière très gentille. « Kind » veut dire enfant en allemand et « Kindchen » est un diminutif. Quand Liszt vous appelle ainsi c'est bon signe ; cela montre qu'il a un petit faible pour vous.

C'était la première fois que je pouvais jouer devant lui sans être nerveuse ou sans sentir mes doigts se glacer et se raidir. Mais par quelles terribles épreuves il a fallu passer pour en arriver là. C'est que Liszt n'est pas seul présent, il y a encore une foule d'artistes, tous prêts à faire ressortir les fautes de votre jeu et à déclarer : « elle n'a pas beaucoup de talent ! »

Je suis contente d'avoir attendu ici le retour de Liszt, car il a plus de temps pour ceux d'entre nous qui sont restés, et il joue davantage lui-même. Hier nous l'avons entendu exécuter une étude de Paganini, arrangée par lui, et aussi sa composition, *Campanella*. Je regrettais que M... ne fût pas ici, elle aime tant *Campanella* ! Liszt l'a jouée en lui donnant une douceur de velours, une clarté, un brillant perlé inimitable, et avec quelle grâce ! Non, personne ne peut lui être comparé, tout son parait lourd auprès de celui qu'il fait jaillir sous ses doigts.

Cependant je dois dire que je me suis sentie réconfortée en apprenant que ce n'est pas exclusivement son génie qui en fait un tel artiste. Il a travaillé des études de doigté plus que personne autre, excepté Tausig, peut-être. Mardi, je l'ai amené à parler des compositeurs à la mode, lorsqu'il était jeune à Paris, de Kalkbrenner, Herz, etc., et je lui ai demandé s'il pouvait nous jouer un motif quelconque de Kalkbrenner. « Oh ! oui. Je dois encore avoir quelqùe chose de lui dans la tête, m'a-t-il répondu », et il nous a joué une partie d'un concerto. Il a parlé ensuite de Herz. « Je vais vous jouer une étude de lui extraordinairement difficile, nous a-t-il annoncé. — Faites attention ».

L'exécution en était des plus hasardeuses, car il fallait croiser continuellement les mains avec une grande rapidité et frapper les notes dans une position fort difficile, ce qui nous faisait tous rire. Liszt frappa exactement toutes les notes, mais il nous dit qu'il « attrappait très chaud » lorsqu'il jouait cette étude. Il l'a évidemment si bien travaillée qu'il ne pourra plus jamais l'oublier.

Il nous a parlé ensuite de Moscheles et de ses compositions, nous a dit que Moscheles jouait parfaitement entre trente et quarante ans, mais qu'en vieillissant il s'était trop efféminé. Pour nous en donner une idée il se mit à le contrefaire et à jouer ses études dans son style, ce qui était fort drôle. Tout ceci nous prouvait que Liszt avait énormément travaillé ; il sait les études de Tausig et de Rubinstein aussi bien que celles de Kalkbrenner et de Herz. Il n'y a pas beaucoup de personnes au monde ayant une connaissance aussi étendue que la sienne de la littérature musicale.

Liszt aimait Tausig comme s'il eût été son enfant, et c'est toujours avec satisfaction qu'il joue de sa musique. La mort de Tausig fut un coup pour Liszt qui répétait souvent : « Il sera l'héritier de mon jeu ». Je crois qu'il espérait revivre en Tausig, car il dit fréquemment n'avoir jamais rencontré talent semblable au sien.

Je donnerais beaucoup pour les avoir vus ensemble ; Tausig était un homme étonnamment intelligent, captivant, et je peux comprendre l'empire qu'il avait pris sur Liszt. On dit cependant que c'était le plus mauvais sujet que l'on puisse imaginer, qu'il a été la cause, pour Liszt, d'ennuis et de vexations sans fin, mais, le moment de contrariété passé, Liszt lui pardonnait toujours en lui disant : « Vous serez, mon petit Carl, soit un grand coquin, soit un grand Maître ». Liszt agissait ainsi en considération de son talent.

Le père de Tausig qui était lui-même professeur de musique l'amena à Liszt à l'âge de quatorze ans, espérant que ce dernier recevrait la petite merveille comme un élève et un protégé... Mais Liszt ne voulut pas, d'abord, l'entendre jouer. « J'ai vu assez d'enfants prodiges déclara-t-il, ils arrivent rarement à quelque chose ». Le père de Tausig ne protesta pas, mais, pendant qu'il prenait un verre de vin avec Liszt et qu'ils fumaient ensemble, il s'arrangea de façon à placer l'enfant derrière le Maître sur le tabouret du piano, et à un moment donné lui fit signe de jouer. Le petit Tausig attaqua la *Polonaise* en *la* bémol de Chopin avec une telle hardiesse, un tel feu, que Liszt se tourna vers lui, et après quelques mesures s'écria : « Je le prends ! »

Weimar, le 9 septembre 1873.

Cette semaine, le mariage du fils du Grand-Duc, à Weimar, a été un événement à grande sensation, l'Empereur et l'Impératrice étant venus de Berlin. Il y a eu, au théâtre, de nombreuses répétitions des différentes choses que l'on devait jouer, et Liszt a rempli un grand rôle dans l'organisation de la partie musicale. Il a dirigé lui-même la Neuvième symphonie et joué du piano, avec accompagnement d'orchestre. Un des morceaux qu'il a exécutés est la *Polonaise*, en *mi* majeur, de Weber, puis une de ses rapsodies hongroises, à lui. J'étais à la répétition de ces dernières, et dès que Liszt a paru sur la scène, des applaudissements formidables ont éclaté ; c'était assez pour vous entraîner et vous électriser

J'étais enchantée d'avoir l'occasion d'entendre Liszt comme exécutant, dans un concert. Le chef d'orchestre, ici, Lassen, remplit admirablement ses fonctions ; c'est aussi un pianiste excellent et un compositeur, cependant on découvrait facilement qu'il faisait appel à toute son attention pour suivre Liszt. Liszt, en effet, donna libre cours à son imagination, et on voyait, avec étonnement, ses mains se mouvoir sur le clavier, avec la plus grande rapidité, exécutant les passages les plus difficiles pendant qu'il tournait la tête vers l'orchestre, ne cessant de faire des remarques : « Violon, un bon coup d'archet. » — « Vous, trompette, pas si fort », etc.

Il faisait tout cela avec le plus grand aplomb, ne semblant pas faire attention à ses mains qui remuaient comme si elles avaient une vie indépendante et possédaient un cerveau spécial.

Il n'a, à aucun moment, joué deux fois un passage de la même manière ; était-ce d'abord une simple gamme, il la reproduisait en tierces doubles ou brisées, lors de sa répétition, et vous surprenait toujours ainsi par quelque nouvelle variation.

Si vous admiriez le long roulement d'une vague, soudain, un jet d'écume semblait s'abattre sur vous et vous faire perdre la respiration! Non, il n'y a jamais eu un tel artiste! l'intensité nerveuse de son jeu vous saisit complètement.

Lorsqu'il eut fini, les auditeurs crièrent, battirent des mains comme des fous, et l'orchestre eut à soutenir une telle salve d'applaudissements que le bruit devint assourdissant.

Liszt, lui, sourit et s'inclina, sortit tranquillement de la scène, et, sans y revenir, alla s'asseoir dans la salle où son arrivée provoqua un redoublement d'applaudissements. Puis la répétition continua.

Le concert lui-même a eu lieu à la cour, de sorte que je ne l'ai pas entendu. Metzdorf y assistait; il dit que Liszt a joué avec une dextérité fabuleuse, naturellement, mais qu'il n'avait pas la même inspiration que le matin et n'a pas produit le même effet.

Weimar, le 15 septembre 1873.

Nous avons fait, l'autre jour, une excursion à Sondershausen, ville située à trois heures de chemin de fer de Weimar. On devait y donner, en l'honneur de Liszt, un concert dont le programme était uniquement composé de sa musique. Environ une demi-douzaine de « Lisztianer » (c'est ainsi que les habitants de Weimar appellent les élèves de Liszt) avaient convenu d'y aller, et naturellement, on me comptait parmi eux. Liszt, la comtesse von X... et le comte S .. devaient conduire la partie.

Aussitôt après le déjeuner, je me rendis en hâte à la gare où je rencontrai les autres, tous d'excellente humeur ; le matin nous annonçait un de ces jours d'automne magnifiques qui suffisent pour vous faire sentir la joie de vivre.

Liszt et ses amis titrés voyagèrent ensemble en première classe, nous autres en seconde, dans le wagon suivant le leur, et le temps ne nous parut pas long jusqu'à notre arrivée à Sondershausen où nous prîmes un omnibus pour aller au principal hôtel. On ne put pas nous y recevoir tous, à cause du grand nombre d'étrangers venus pour le festival, aussi j'allai avec Mrs S... à un autre hôtel situé un peu plus loin dans la ville, pour arrêter des chambres, ayant l'intention de revenir déjeuner avec Liszt et les autres. Juste au moment où notre bruyant véhicule stationna devant cet hôtel nous entendîmes l'air solennel d'un choral chanté dans un temple tout proche, avec accompagnement d'orgue.

Cela me produisit une impression de tristesse, le sentiment de la nature passagère de toute chose s'éveilla en moi, et il me sembla qu'une de ces voix de l'autre monde, que nous croyons entendre de temps en temps, venait de se révéler.

Après avoir retenu nos chambres nous revînmes rejoindre Liszt. L'hôtel où il était resté se trouve dans le centre de la ville, juste en face du palais qui s'élève avec hardiesse sur une petite hauteur, entre deux grands escaliers de pierre descendant jusqu'à la route. Une avenue serpente sur la colline à sa droite, et l'aspect en est imposant.

Dans la salle à manger de l'hôtel, une longue table était dressée et les places soigneusement marquées. La mienne était auprès du comte S... pas trop loin de Liszt, de sorte que je la trouvais bien choisie. Tout le monde commença à parler, dès que le dîner fut servi, ainsi qu'il est d'usage en Allemagne, et à la fin, on porta nombre de toasts à Liszt qui répondit d'un air un peu ennuyé. Je ne m'étonne pas que ces toasts finissent par le fatiguer, car ce sont toujours les mêmes et en plus, ce jour là, Liszt paraissait préoccupé.

Il nous proposa après le déjeuner, d'aller voir Fraulein Fichtner. Fraulein Fichtner est la jeune dame qui devait jouer son concerto en *la* majeur au concert du soir. Elle est bien connue comme pianiste en Allemagne. Nous partîmes, comme en une procession, ce qui est la manière dont nous marchons toujours avec Liszt. Quand nous arrivâmes à la maison, nous fûmes obligés de longer un corridor obscur et de chercher notre chemin dans un escalier sombre et étroit. Quelqu'un frotta une allumette. « C'est bien, éclairez-nous », dit Liszt de sa voix sonore. Lorsque nous eûmes atteint le sommet de l'escalier, on sonna à la porte de l'appartement de Fraulein Fichtner et ce fut sa mère qui vint nous ouvrir. Fraulein Fichtner, elle-même, ne parut pas épouvantée du nombre de ses visiteurs, bien que nous arrivassions en véritable coup de vent. Elle nous offrit gracieusement toutes les chaises qui étaient à sa portée et ceux qui ne purent pas en avoir durent rester debout ! Fraulein Fichtner a passé quelques jours à Weimar cet été, aussi nous l'avions déjà rencontrée et je l'avais alors entendue jouer quelques duets de Schumann, accompagnée par Liszt qui aimait beaucoup déchiffrer avec « Pauline », ainsi qu'il l'appelait. C'est à elle que Raff a dédié son joli morceau *Fairy Story*, conte de fée.

Fraulein Fichtner est une brunette piquante à la figure très intelligente. On dit qu'elle écrit de charmants petits poèmes et qu'elle est bien douée, sous plusieurs rapports. Ne voulant pas la fatiguer pour le concert nous ne restâmes que vingt minutes chez elle.

En revenant, Liszt s'adonna à un petit *badinage* à propos du concerto. Vous savez qu'il a écrit deux concertos, l'un en *mi* bémol qui est joué souvent, l'autre en *la* qui ne l'est que très rarement. Ce dernier est excessivemeut difficile et Liszt aime à savoir quand on le joue.

« Aujourd'hui je l'écrirais autrement, m'a-t-il dit, car il y a des passages vraiment ennuyeux à exécuter... Mais j'étais plus jeune et j'avais alors moins d'expérience », a-t-il ajouté avec un de ces sourires qui font passer sur sa figure une lueur que Lenz compare à celle que produit « une épée flamboyant rapidement sous le soleil ».

Tout le monde rentra à l'hôtel, pour faire une sieste — ce « sommeil de midi » qui est obligatoire en Allemagne. Je n'avais pas envie de dormir et je me sentais disposée à explorer la vieille ville, aussi je partis avec le comte S... pour faire une promenade. La ville de Sondershausen est agréablement située

au milieu de jolies ondulations de terrain, mais elle
est si tranquille, il y a si peu de circulation que
vous vous demandez vraiment si elle est habitée.
Nous nous dirigeâmes vers le château qui est tout
entouré d'arbres et derrière lequel il y a des jardins et des serres, puis, en suivant la route, nous
arrivâmes, sans nous y attendre, à un petit parc
de forme circulaire. C'était un véritable désert, un
petit parc de veuve! Nous n'avons pas rencontré
une âme pendant que nous errions dans ses sentiers.
Le parc semblait abandonné et le ruisseau qui le
traversait coulait, paresseusement et paisiblement.
Je goûtais fort cette tranquilité qui me donna un
bon moment de repos.

Le comte S... causait tout le temps, mais je n'entendais que la moitié de ce qu'il disait. C'est un
homme aimant le monde et les plaisirs, la musique,
un parfait matérialiste, peu tourmenté par l'*aspira-
tion vers le beau.* Il fait connaître franchement ses
appréciations et n'engendre pas la mélancolie.
Nous ne sommes rentrés qu'au moment d'aller
prendre le café, avant le concert qui commençait
à sept heures.

La salle de concert était derrière le palais et
semblait en faire partie. Liszt, la comtesse von X...

et le comte S... occupèrent une loge, à la mode
aristocratique. Nous autres, nous sommes restés
dans la salle. L'orchestre m'a étonnée ; il était composé de nombreux exécutants qui ont joué admirablement. Il m'a semblé aussi parfait que le Gewandhaus à Leipzig, mais je ne crois cependant pas
qu'il le soit. J'ai demandé à Kellermann qui était
assis auprès de moi pourquoi on ne m'avait jamais
parlé de cet orchestre et comment il se faisait
qu'il fût dans un tel endroit. « Oh ! m'a-t-il
répondu, cet orchestre est très célèbre et le Prince
de Sondershausen est un grand amateur de
musique ». — On a de temps en temps des surprises
analogues en Allemagne où, dans le coin le plus
reculé, on peut s'attendre à trouver une petite merveille de ce genre.

Nous prenions tous le plus grand intérêt au jeu
de Fraulein Fichtner; nous nous réjouissions d'être
derrière la scène ainsi que nous l'étions et de voir
l'une des nôtres au nombre des exécutants du concert. Aussi nous applaudîmes fortement lorsqu'elle
parut. Elle n'était pas nerveuse, elle a commencé
avec un grand aplomb et a parfaitement joué. Cependant le concerto m'a fait une impression confuse et
assez difficile à décrire, il ne m'a pas particulière-

ment saisie. J'ignore si Liszt a été satisfait de la manière dont il a été rendu, je n'ai pas eu occasion de le lui demander. Fraulein Fichtner a aussi joué la quatorzième rapsodie de Liszt avec accompagnement d'orchestre, d'une façon hardie et brillante. Elle a plutôt le genre brave que sentimental, avec une certaine ampleur, une certaine puissance qui n'excluent pas toute fraîcheur.

Le dernier morceau du programme était le Choral symphonique de Liszt qui a été magnifique ; le chœur ne se fait entendre qu'à la fin, comme dans la neuvième symphonie. Mrs S... nous dit qu'elle le connaissait bien parce qu'elle l'avait entendu jouer par l'orchestre de Thomas à New-York. — D'après ce que j'ai entendu dire, cet orchestre s'est développé d'une manière remarquable et c'est une très grande chose pour l'éducation musicale d'un pays d'avoir un tel orchestre, voyageant tout l'hiver. Les Américains des provinces sont vraiment favorisés, puisque malgré leur ignorance de la musique ils peuvent entendre un orchestre remarquable. Cela leur ressemble, ils ont toujours ce qu'il y a de mieux ou rien.

Le concert s'est terminé à neuf heures et nous sommes retournés à l'hôtel pour souper. Nous avions tous une faim de loup après tant de musique et d'enthousiasme! Chacun voulait être servi le premier et les garçons perdaient la tête. Le comte S... qui était auprès de moi frappait sur la table sans succès et à la fin il s'écria. « Je vais aller à la chasse ! » Il se leva brusquement, se précipita à l'autre extrémité de la salle à manger et s'empara de quelques plats qu'il apporta en triomphe. Il fit beaucoup de plaisanteries aux dépens des garçons et de tout le monde. Je ne pouvais pas entendre la conversation de Liszt, ce que je regrettais, bien qu'il parût d'humeur très tranquille. Il faut qu'il soit avec des artistes pour dégaîner son esprit, car je ne le trouve pas le même lorsqu'il est avec des nobles. Il est alors tout grâce et manières, semble jouer avec son génie pour les amuser et n'est jamais sérieux. C'est, du moins, ce qui ressort de mes observations dans les quelques occasions où je l'ai vu dans le *beau monde*. La présence de l'orgueilleuse comtesse X... à Sondershausen, l'a maintenu à distance de tout le monde et il ne débordait pas de gaîté comme à Iéna. Elle n'était pas venue voir Fraülein Fichtner avec nous, heureusement. Après le souper nous sommes tous allés au lit de bonne heure, nous trouvant fatigués de la journée

Je vous avouerai, en passant, que l'altière comtesse a toujours exercé sur moi une grande fascination, et cela, parce qu'elle a l'air d'une femme ayant eu « une histoire ». Je l'ai vue souvent aux matinées de Liszt et d'après ce que j'en entends dire, c'est un type de femme que l'on ne trouve qu'en Europe et qui sert de modèle pour les héroïnes de romans. Elle est veuve, parait avoir trente-six ou trente-huit ans, est de taille moyenne, plutôt maigre que mince, mais extrêmement distinguée. Sa figure est pâle et ses cheveux sont bruns. Elle est toujours en noir. et bien qu'elle soit très négligente dans sa toilette, rien ne peut lui enlever l'élégance innée qu'elle possède. Elle produit sur vous à la fois l'impression d'un froid glacial et d'une chaleur tropicale.

Je la rencontre souvent dans le parc où elle se promène, en laissant traîner son vêtement de zibeline, entourée de ses enfants, quatre garçons « chacun plus beau que l'autre », ainsi que le dit le comte S... Ils ont aussi la tête de petits personnages de roman avec leurs yeux bruns et leurs cheveux bruns bouclés. L'aîné a environ quatorze ans et le plus jeune cinq.

Weimar est un « petit nid », selon l'expression de Liszt ; tout étranger y est immédiatement remarqué et je n'oublierai jamais la manière arrogante avec laquelle la comtesse m'a dévisagée, un jour, dans le parc. Elle attendit que je fusse tout près d'elle pour mettre son face à main devant les yeux, puis après m'avoir examinée de la tête aux pieds elle le laissa tomber d'un air dédaigneux et indifférent, comme si elle regrettait la peine qu'elle s'était donnée pour procéder à cette grande revue, — ce qui m'amusa énormément. A Weimar on parle beaucoup d'elle et de son arrogance. Très instruite, elle prépare elle-même son fils pour l'Université. Elle serait vraiment intéressante au point de vue psychologique et quel excellent sujet elle pourrait être pour un Balzac !

Nous passâmes le second jour, jusque vers cinq heures du soir, à Sondershausen, pour y entendre un second concert d'orchestre et, cette fois, le programme était varié. Fraulein Fichtner partit avant le concert ; le premier violon joua le fameux concerto de Mendelssohn, peut-être pas avec la même supériorité que Wilhemj, mais excessivement bien. Pendant le trajet de retour je me trouvai dans le compartiment de Liszt, en face de lui, et peu à peu il se mit à causer ; nous parlâmes de Weitzmann, mon ancien professeur d'harmonie qui, vous vous le rappelez, avait tant de zèle pour m'instruire. Liszt nous fit ressortir l'étendue de son savoir et déclara que « s'il n'était pas aussi vieux il irait à l'école de Weitzmann ». Il nous raconta qu'un jour, pendant qu'ils causaient ensemble, Weitzmann lui proposa de composer un *canon*. « Je m'assis et je me mis au travail pendant longtemps, mais à la fin je l'abandonnai », dit Liszt, « alors Weitzmann s'assit à son tour et en composa deux excellents en moins d'une demi-heure ». Liszt citait ce trait comme une preuve de l'habileté et de la promptitude de Weitzmann. Un *canon* est, vous le savez, une espèce d'énigme musicale. La main droite joue d'abord le thème, puis un peu plus tard la main gauche l'imite, et le thème entrelacé entre la haute et la basse forme tantôt la mélodie, tantôt l'accompagnement. La difficulté consiste à éviter la monotomie avec cette répétition continuelle du thème que l'on peut reproduire à différents intervalles, en faisant si on le veut des inversions, etc., C'est, je trouve, un genre de composition plutôt mathématique que musical. Je crois que Bach pourrait en inventer à l'infini, car il les développe avec beaucoup d'imagination. Liszt est d'une école différente.

Nous atteignîmes Weimar vers huit heures et cette charmante excursion eut une fin, comme les autres. Mais la petite ville ensommeillée avec son nom musical et son grand orchestre restera longtemps dans ma mémoire.

Adieu, Sondershausen!

CHAPITRE XV

Adieu à Liszt ! — Les Conservatoires allemands et leurs méthodes.
Encore Berlin. — Liszt et Joachim.

Weimar, le 24 septembre 1873.

Liszt doit quitter Weimar la semaine prochaine.
Nous avons pris notre dernière leçon avec lui, mais
il était tellement pressé par les invitations, les rendez-
vous, qu'il n'a pu faire beaucoup attention à nous.
Lors de cette dernière leçon, nous sommes arrivés
vers six heures du soir. Liszt était sorti et il avait
laissé un mot pour nous dire d'attendre. Il ne rentra
que vers sept heures, de très mauvaise humeur. Je
ne l'ai jamais vu aussi hors de lui-même. « Et
comment va notre concerto? » m'a-t-il demandé.
Or, à la dernière leçon, il m'avait recommandé de
me procurer la partie pour second piano, afin de la
jouer avec moi. Je lui dis que malheureusement
je n'en avais pas trouvé. « Alors, mon enfant
s'est-il écrié, vous avez perdu la tête si vous n'avez
pas pensé à avoir au moins un second exemplaire

de ce concerto! » Mais sur mon assurance que je le savais par cœur : « Oh! » a-t-il fait, d'un ton adouci, puis il a pris mon cahier qui contenait la partie pour le second piano, écrite au-dessus de celle pour le premier, et j'ai joué sans musique, me sentant presque inspirée, car j'avais un piano magnifique, récemment offert à Liszt par Steinway. Liszt se mit à un autre piano en face de moi. Le salon était à peine éclairé par deux lampes, aussi les quelques artistes présents étaient assis dans l'ombre. C'était le moment du crépuscule, « l'heure du mystère », ainsi que le poétique Gurikx a l'habitude de dire, et je trouvais que jouer dans ces conditions était une occasion unique, d'autant plus que j'avais si bien étudié mon morceau que je me sentais parfaitement sûre de mon jeu.

Le splendide accompagnement de Liszt achevait de m'enthousiasmer, et n'était-ce pas assez pour motiver cette expansion instinctive de tout ce que l'âme possède de bien, de noble, de beau?

Tout eût été parfait si Liszt n'avait été d'humeur âcre et sarcastique. Malgré cela, j'ai joué avec animation, me précipitant vers la fin comme un torrent dans les ténèbres, car je ne devais plus avoir de leçons de Liszt!

Vous m'avez posé différentes questions musicales auxquelles il m'est difficile de vous répondre, puisque vous ne connaissez pas les Conservatoires d'Allemagne, mais, je puis vous dire que le Conservatoire de Stuttgart est considéré comme le meilleur. On y fait travailler les élèves d'après une méthode graduée, régulière. On commence d'abord par indiquer comment tenir la main, puis on oblige à faire les exercices élémentaires des cinq doigts, et il y a certaines études que *tous* les élèves doivent apprendre. Il en était ainsi dans le Conservatoire de Tausig, où l'on devait étudier Cramer, puis les exercices du *Gradus ad Parnassum* et ensuite Moscheles, Chopin, Henselt, Liszt et Rubinstein. Je me suis arrêtée à Chopin, mais, quand j'étais avec Kullak, j'ai étudié l'*École du virtuose* de Czerny pendant un an. C'est le cahier par lequel Kullak jure, et j'ai l'intention de le reprendre cet hiver. Il faut plusieurs années pour travailler ces études, mais lorsque vous les connaissez toutes, vous êtes un artiste.

Bien que je déteste l'*École du virtuose*, j'en trouve l'étude indispensable, car rien ne peut donner un meilleur mécanisme dans les doigts. Elle est composée d'exercices de deux lignes de longueur que Czerny a l'audace de vous demander de jouer vingt ou trente fois de suite. Vous pouvez vous imaginer combien il faut de temps pour arriver à jouer une page entière. C'est ennuyeux au dernier degré ! Mais cela égalise et fortifie les doigts, rend votre exécution légère, bien liée et élégante, vous apprend à jouer en mesure, en restant toujours bien dans le mouvement, c'est-à-dire, à jouer sans vous presser et sans mal attaquer les dernières notes qui doivent être claires, frappées juste à temps.

J'ai vu Lebert, le chef du Conservatoire de Stuttgart, ici, cet été; j'ai eu plusieurs longues conversations avec lui, et il m'a dit qu'il considérait Bach comme la meilleure étude, mais que Clavichord était la base de tout. Les Stuttgarters étudient Bach tous les jours; je crois que c'est un bon plan, j'ai commencé à le suivre. Ce que j'ai vu de Bach avec M. Paine, à Cambridge, m'a été d'un grand secours. Je le dois à votre inspiration, vous « bâtissiez alors mieux que vous ne le croyiez ». — Je n'ai jamais vu personne avoir le même instinct que vous pour trouver la chose utile et juste. Sans cela, je ne me serais jamais autant familiarisée avec Bach, je ne l'aurais pas étudié ainsi que je l'ai fait; c'est un travail aussi important pour les doigts que « bon pour l'âme ».

Dans son portrait de Chopin, Lenz raconte l'avoir entendu dire que lorsqu'il se préparait pour un concert, il n'étudiait pas ses propres compositions, mais qu'il se renfermait et travaillait les œuvres de Bach. Cependant, je crois qu'étudier Bach, Czerny ou le *Gradus*, revient au même, à la condition que l'on s'attache toujours à l'un d'eux.

On y retrouve le même principe : faire les doigts, frapper « dum, dum », sur les touches, à nombre égal et à intervalles réguliers.

Tausig, lui, préconisait le *Gradus ad Parnassum* et l'étudiait tous les jours. Il transposait les études dans des tons différents et les exécutait avec le même jeu, des deux mains, s'amusant à augmenter le nombre des difficultés, mais j'ai toujours trouvé, personnellement, qu'elles sont assez difficiles telles qu'elles sont écrites. Bach fortifie les doigts, les rend indépendants les uns des autres ; Czerny les égalise, leur donne une exécution aisée et élégante, et le *Gradus* n'est pas seulement bon pour le mécanisme des doigts, mais aussi pour les bras et le poignet ; il donne une exécution plus forte et plus puissante.

Je crois que dans tous les Conservatoires les élèves ont six leçons par semaine, dont deux solos, deux de lecture à première vue et deux de composition. En plus, il y a souvent des conférences sur un sujet musical par un des professeurs ou par quelqu'un de spécialement engagé dans ce but. Il y a aussi, dans les grands Conservatoires, un orchestre composé d'étudiants et de quelques professionnels rémunérés pour suppléer aux absences. Les meilleurs élèves de piano jouent leur concerto une fois par mois, ou par six semaines, avec accompagnement. Quant au nombre de séances publiques, il varie avec chaque Conservatoire.

La Haute École, à Berlin, en donne deux par an à l'Académie de chant. Il y en a quatre à Stuttgart. Kullak n'en donne qu'une, et encore, il s'intéresse si peu à ses élèves qu'il la supprime quand cela lui plaît.

Je ne connais qu'imparfaitement l'organisation du Conservatoire de Kullak, car je n'ai assisté qu'à ses leçons ; je demeurais beaucoup trop loin pour essayer de suivre le cours de théorie et de composition.

Liszt dit que les élèves de Kullak sont les mieux formés de tous, ce qui me surprend, car il recommande toujours le Conservatoire de Stuttgart aux élèves.

Les Stuttgarters ont un excellent mécanisme, et je crois qu'on leur apprend mieux qu'ailleurs à étudier. J'ai l'impression que Stuttgart est l'endroit où la partie technique est la plus soignée, mais que Kullak développe mieux le sentiment de la conception musicale que les autres maîtres.

Je connais un jeune Américain appelé Orth, qui a étudié pendant deux ans avec Kullak, puis est allé pendant un an à Stuttgart et doit retourner avec Kullak. Il trouve que ce n'est pas Lebert, mais Pruckner qui est le véritable chef du Conservatoire de Stuttgart et que, avec lui, un an d'étude est suffisant. Au contraire, Fraulein Gaul, avec qui Lebert s'est donné beaucoup de mal et dont il a certainement admirablement développé le talent, trouve qu'il est un maître incomparable. Je pense qu'il est comme tous les autres, qu'il a ses sympathies et ses antipathies. Liszt ne fait pas exception à la règle, car je l'ai vu négliger des artistes de talent remarquable, de véritables virtuoses, simplement parce qu'ils ne lui plaisaient pas.

Berlin, le 8 octobre 1873.

Volià ! comme dit toujours Liszt.

J'ai quitté la chère petite ville de Weimar il y a deux jours, et l'adorable Liszt il y a une semaine. Il est parti pour Rome. Je suis de retour à Berlin et si jamais je me suis sentie comme un chat dans un grenier qu'il ne connaît pas, c'est bien à présent.

Je me trouve à Berlin dans une solitude bruyante, les distances y sont infinies et on est obligé de se tuer à marcher ou de dépenser une fortune à prendre des voitures. On a construit beaucoup de nouvelles maisons de tous côtés, et le bruit, la foule, la confusion, sont choses suffisantes pour me tourner la tête après la vie idyllique que j'ai eue à Weimar. Ah ! c'était trop beau !

Je me suis occupée à chercher un domicile, hier et aujourd'hui. J'ai déjà reçu deux invitations à dîner ; mais tout le monde, tout me paraît si peu ntéressant, si prosaïque et ennuyeux que j'ai refusé, résolue à ne donner mon adresse à mes amis que lorsqu'il se sera écoulé assez de temps pour que je sois détachée des attraits de Weimar.

Liszt a été la bonté même lorsque je lui ai dit au revoir, mais je me sentais tellement suffoquée par l'émotion que je pouvais à peine prononcer un mot et le remercier de tout ce qu'il a fait pour moi. Je ne voulais pas non plus éclater en larmes, ce qui serait arrivé, si j'avais essayé de parler; je crains donc qu'il ne m'ait crue ingrate, car il ne pouvait pas deviner ce que je ressentais. Je suis très privée de ne plus pouvoir aller chez lui. Joachim que j'ai entendu hier soir et que j'apprécie tant ne peut pas le remplacer. Il est pour le violon ce que Liszt est pour le piano et c'est le seul artiste dont on puisse mentionner le nom en même temps que celui de Liszt.

Ces deux hommes sont excessivement intéressants, chacun à leur manière, mais ils sont tout l'opposé l'un de l'autre.

Liszt donne tant de vie à ce qu'il joue, que je suis toujours étonnée, ravie de nouveau chaque fois que je l'entends ; je peux à peine croire qu'il soit possible de jouer ainsi. En plus de son jeu merveilleux, il a dans sa personne quelque chose d'imposant, tandis que Joachim n'a rien de tel. Liszt possède un jeu de physionomie, un air d'inspiration remarquables ; Joachim semble, au contraire, toujours absorbé par la préoccupation de produire des effets artistiques. Liszt ne regarde jamais son instrument ; Joachim regarde toujours le sien. Liszt est un acteur émérite qui veut captiver le public, il n'oublie jamais qu'il l'a devant lui et il agit en conséquence; Joachim en est complètement oublieux.

Liszt subjugue rien que par la manière dont il marche sur la scène en secouant sa tête fière, lançant comme un regard électrique de ses yeux d'aigle, et lorsqu'il s'assied, il a l'air de dire : « Je vais faire ce qui me plaît, vous êtes sous mes ordres ». Un jour il nous dit au cours : « Quand vous entrez sur la scène il vous faut avoir l'air de ne faire aucune attention à l'auditoire, comme si vous vous trouviez très supérieur à tous ceux qui sont là. C'est la façon dont j'avais l'habitude de me présenter. N'était-ce pas provoquer la critique? » ajouta-t-il avec un ineffable sourire malicieux.

Vous voyez quel est son principe, et c'est ainsi qu'il s'est conduit lors de la répétition au théâtre de Weimar dont je vous ai parlé.

Joachim, au contraire, est un artiste bourgeois tranquille. Il s'avance avec l'attitude la moins prétentieuse, il accorde son violon avec l'air calme d'un des maîtres du royaume musical en semblant dire : « Je m'en rapporte à mon art, je n'ai besoin ni de manières, ni de façons ». J'admire davantage ce dernier principe, mais Liszt vous fascine, vous subjugue; on sent tout de suite que c'est un grand génie auprès duquel on n'est qu'une marionnette, et on trouve encore quelque plaisir à cette humiliation !

Outre son jeu et ses compositions, Liszt a prodigué ses bienfaits à la musique et aux musiciens. On peut se rendre compte pourquoi sa place est si prééminente comme le plus grand, le plus aimé des maîtres de musique du monde, en lisant dans le *Dwight's Journal* du 23 octobre 1880, cet extrait du « portrait du caractère musical de Franz Liszt », par la Mara, paru dans le *Gartenlaube* :

« Nous devons compter, parmi les mérites exceptionnels de Liszt, tous ses droits à la reconnaissance d'innombrables étudiants auxquels il a tracé la voie, ayant toujours le cœur ouvert pour seconder tout effort artistique. Il a été le premier et le plus actif promoteur de l'immense entreprise de Bayreuth et le principal fondateur des Sociétés Musicales qui prospèrent dans toute l'Allemagne. Et pour combien de buts nobles et philantropiques n'a-t-il pas déployé ses ressources artistiques ! Durant la première période de sa carrière de virtuose, il a fait servir son génie aux autres plus qu'à lui-même, épargnant seulement une modeste somme sur les millions qu'il gagnait, tandis qu'il contribuait pour des milliers de francs à l'achèvement de la cathédrale de Cologne, à l'érection du monument de Beethoven à Bonn, et qu'il soulageait les victimes de la catastrophe de Hambourg. Depuis la fin de sa carrière publique comme pianiste, son activité a été exclusivement consacrée à des entreprises artistiques ou charitables, et, depuis 1847, il n'a pas fait entrer un centime dans sa poche, soit comme professeur de piano, chef d'orchestre ou exécutant. Tout cela, qui a produit un tel capital avec intérêts pour les autres, lui a demandé le sacrifice de son temps et aussi de son argent ».

CHAPITRE XVI

Kullak comme professeur. — Les quatre grands virtuoses : Clara
Schumann, Rubinstein, von Bulow et Tausig.

Berlin, le 7 novembre 1873.

Depuis mon retour je suis tombée dans une
espèce d'apathie mentale, qui est le résultat, je le
suppose, de la grande surexcitation de tout l'été.
Néanmoins, j'étudie beaucoup et j'ai recommencé
à prendre des leçons particulières avec Kullak. Je
lui ai joué mon concerto de Rubinstein il y a une
quinzaine, et je lui ai dit que je désirais le faire
entendre à un concert. Il m'a répondu que mon
jeu est trop faible dans plusieurs endroits, mais
ayant déjà vaincu les difficultés techniques, j'espère
arriver à l'exécuter comme il faut, en le travail-
lant avec assiduité. Il y a deux pages qui m'ont
d'abord désespérée; tous les concertos renferment
ainsi des passages fort difficiles. Ils sont, je trouve,
beaucoup plus durs à jouer que les solos, parce
qu'ils exigent un effort soutenu. De toutes les varié

tés musicales, ce sont eux que je préfère, et je ne peux pas comprendre que vous ne trouviez pas le piano et l'orchestre « faits pour aller ensemble ». Cependant je dois avouer que je n'avais jamais apprécié les concertos, avant de venir en Allemagne.

Kullak est le professeur le plus décourageant que l'on puisse imaginer ; il analyse votre jeu de telle façon que vos fautes ressortent davantage, semblent jaillir devant vous, et quant à moi, je me sens, à ses leçons, comme paralysée, privée des moyens de faire valoir mon jeu et de l'obliger à me rendre justice. Je me trouve un peu dans la même position que Owen devant le vieux Pierre, dans l'histoire de Hawthorne : *L'Artiste du Beau*. Je ne puis m'empêcher de reconnaître le bien fondé de ses observations, même lorsqu'elles me mécontentent, mais je sens qu'il ne pénètre pas au fond des choses. Il est si pédant ! Jamais il ne passera sur une imperfection de doigté, il vous attache à la partie technique de telle façon que vous ne pouvez jamais donner libre cours à votre imagination. Il s'assied à un autre piano et, juste au moment où vous allez prendre votre élan, il intervient par un avis tel que : « Ne vous pressez pas, » ou quel

que chose de semblable, si bien que vous restez
ahuri par l'idée de retenir vos doigts, de jouer toutes
les notes régulières, etc. Mais je sais qu'à présent
je n'atteindrai jamais ce degré de perfection technique qu'ont tous ces artistes auxquels on a formé
la main dès l'enfance, pendant qu'elle se dévelop-
pait. Kullak possède, lui, un mécanisme admirable.
Toutefois, il devrait me laisser jouer à ma manière,
sans exiger que je joue à la sienne, afin que je
puisse faire mon jeu produire ses effets. C'est là
qu'est la différence entre lui et Liszt, dont le grand
principe est de vous laisser votre liberté. Quand
vous jouez devant Liszt, vous vous sentez comme
Pégase caracolant dans l'air; au contraire, quand
vous jouez devant Kullak, il vous semble que l'on a
soudainement coupé vos ailes et que vous êtes atte-
lé à un wagon d'express!

Je ne crois pas cependant qu'il faudrait aller trouver Liszt sans avoir reçu de préparation technique,
car *avec lui*, il faut savoir ce que l'on fait; il faut
une base solide sur laquelle on peut élever ses édi-
fices aériens, et Kullak vous donne cette base.

Vous me demandez, dans votre lettre, de vous
écrire une comparaison entre Clara Schumann,
Bulow, Tausig et Rubinstein. Je ne trouve pas la

chose facile; ils sont si différents. Je vais d'abord vous dire mon impression sur Clara Schumann. Elle a beaucoup de feu, son style est grandiose, parfaitement arrondi et solide, il plaît; c'est une artiste qu'il est bon d'écouter, mais elle n'a, dans son genre, rien de l'analytique Balzac ou Hawthorne, aucune finesse ou poésie d'exécution. Elle joue parfaitement Bach, et ce que je l'ai entendue exécuter le mieux, ce sont les variations en *do* mineur de Beethoven, qui sont excessivement difficiles; elle les a rendues, à mon sens, mieux que Bulow qui est cependant un grand adepte de Beethoven. Elle répète souvent les mêmes morceaux, probablement parce qu'elle trouve très fatigante la mode actuelle de jouer sans musique. Je l'ai entendue s'insurger contre cette manière et c'est, je trouve, une folie d'exiger une telle chose d'une aussi grande artiste que Clara Schumann. Si on voulait *seulement* nous permettre de jouer à notre guise, d'après nos dispositions !

Bulow a un jeu remarquable, surtout par sa grande vigueur; il déploie une énergie illimitée, et plus on l'entend, plus l'intérêt augmente. C'est lui que je préfère des quatre. Il joue Chopin aussi bien que Beethoven et que Schumann; c'est un pianiste d'un talent supérieur, bien qu'il ne soit pas assez sûr de son exécution. Je l'ai vu être très embarrassé. Je crois qu'il a trop de confiance en sa mémoire, car il joue tout par cœur, et quels programmes ! Il frappe toujours le pouce sur l'ongle, et possède une telle force ! Ses accords vous saisissent. Il faut l'entendre au commencement des deux dernières parties de la sonate du *Clair de lune*, jouer les arpèges de la main droite, en montant si légèrement et *pianissimo*, articulant délicatement chaque note — et terminer par le « fracas » des deux accords dans la haute ! Et qu'il est amusant quand il joue les gavottes, les gigues de Bach, etc., dans les *Suites Anglaises* ! Un air moqueur vient sur sa figure, il leur imprime une indescriptible originalité. Vous sentez qu'il voit si bien son but que vous le devinez et, peut-être, puis-je résumer ce que je pense de sa grande supériorité, en disant qu'il impressionne, parce qu'il emploie le piano uniquement pour exprimer des idées. Il vous fait oublier l'instrument en vous plongeant dans la passion.

Rubinstein, que vous avez entendu jouer, est placé au rang de Liszt par beaucoup de personnes, et je suis surprise que vous l'ayez trouvé froid, car ici il est renommé pour l'ardeur de son jeu et la spontanéité de son imagination. Je crois que Bulow et Clara Schumann savent, par avance, comment ils interprèteront tel ou tel morceau, mais que Rubinstein l'ignore, qu'il joue sans plan, d'après son inspiration du moment. L'après-midi où vous l'avez entendu, il n'était probablement pas bien disposé. Comme compositeur, il dépasse de beaucoup les trois autres.

Tausig était celui qui se rapprochait le plus de la subtilité de Liszt et, par conséquent, c'était lui qui, après ce Maitre, interprétait le mieux Chopin. Je n'oublierai jamais son exécution de la grande ballade en *sol* mineur de Chopin. la première fois que je l'ai entendu à un concert. Cette ballade est une composition divine, et il ne la rendait pas seulement avec chaleur et ferveur, mais avec une poésie qui jeta un charme sur l'auditoire et l'empêcha, pendant une ou deux minutes, retenu captif et silencieux, de pouvoir applaudir. C'était comme un rêve de beauté s'étendant devant vous et que vous ne vouliez pas troubler !

Tausig aimait beaucoup Chopin, il a toujours désiré le connaître. Je crois qu'il avait plus de virtuosité et encore plus de délicatesse de sentiment que Bulow et que Rubinstien. Son fini, sa perfection et principalement sa touche étaient au-dessus de tout.

Exécutant très passionné dans le Conservatoire, il était froid devant le public, excepté lorsqu'il interprétait Chopin.

Il était le favori de Liszt, qui disait : « Il sera l'héritier de mon jeu ». Mais je doute qu'il en eût été ainsi, car l'hiver qui précéda sa mort, Kullak me fit remarquer que son jeu devenait chaque année de plus en plus sec ; peut-être était-ce à cause de son aversion maladive pour les « spectacles, » ainsi qu'il appelait les séances publiques dans lesquelles Liszt, au contraire, donnait cours à toutes les émotions.

A Weimar, on m'a raconté beaucoup de choses relativement aux escapades de Tausig, lorsqu'il était jeune étudiant. On dit qu'il était très déréglé et insouciant, que Liszt a souvent payé ses dettes.

Quelquefois, lorsque Liszt ne se sentait pas disposé à jouer dans les réunions aristocratiques, il demandait à Tausig de le remplacer, mais celui-ci n'y était pas toujours enclin. Ses mains étaient petites, malgré cela, il avait une force énorme dans les doigts, et s'il ne voulait pas jouer il allait au piano, avec un air décidé, puis frappait les premiers accords avec une telle violence que trois ou quatre cordes se brisaient immédiatement et que le piano était hors d'usage pour la soirée! On raconte aussi que Tausig reçut une fois un piano magnifique de Leipzig, offert par son père, et que peu de temps après il coupa tous les coins des touches pour les rendre plus dificiles à frapper, ce qui occasionna à son père une grande dépense pour la réparation. Une autre fois on lui offrit un jeu d'échecs. Le lendemain, quelqu'un étant venu lui faire visite en aperçut toutes les pièces sur le plancher et lui demanda ce qui était arrivé à ses échecs. « Oh! répondit Tausig, je voulais voir s'ils pouvaient se briser facilement. » Il semblait possédé de l'esprit de destruction.

Gottschal m'a raconté qu'une fois, étant à court d'argent, Tausig vendit pour cinq thalers, à un domestique, la partition de Faust, de Liszt, avec une grande pile de ses manuscrits. Le domestique revendit le tout à un marchand de vieux papiers, auquel Gottschal vint les acheter ayant entendu accidentellement parler du fait. Ainsi qu'il arrive souvent, le jour même, l'éditeur écrivit à Liszt pour lui demander ses manuscrits, et Liszt bouleversa tout chez lui sans les trouver.

A ce moment, il demeurait ici, dans une maison immense, sur une petite colline appelée l'Altenburg. Il occupait le premier étage, un prince ami le deuxième, et le troisième était une grande salle de bal, dans laquelle il y avait presque toujours neuf pianos. Ils avaient l'habitude de donner des réceptions magnifiques et, une année, Liszt dépensa trente mille thalers. Il vivait alors comme un prince, d'une façon bien différente de sa simplicité actuelle. Donc, Liszt était dans un état d'esprit terrible, en voyant qu'il ne pouvait pas retrouver ses manuscrits. Gottschal était venu le voir sur les entrefaites, sachant parfaitement bien ce dont il s'agissait, mais il voulut s'amuser un peu du grand embarras de Liszt, qui s'écriait avec rage : « C'est toute une année de travail perdue ! »

Gottschal lui ayant demandé pour la troisième fois ce qu'il cherchait, Liszt se tourna vers lui et lui montra les poings, en disant : « Pouvez-vous me laisser en paix et ne pas me tourmenter ainsi! » A la fin, Gottschal en eut pitié et lui dit : « Je sais, Maître, ce que vous avez perdu, c'est votre partition de Faust. » — « Oh ! répondit Liszt, changeant de ton immédiatement; savez-vous ce qu'elle est devenue? » — « Oui, je le sais », dit Gottschal, puis il commença à lui raconter la conduite de Tausig et à lui expliquer comment il avait pu intervenir pour mettre en sûreté ces documents précieux.

A la nouvelle qu'ils étaient retrouvés, Liszt fut saisi d'une telle joie qu'il s'écria : « Caroline, Caroline, nous sommes sauvés ! Gottschal nous a sauvés ! » et dans son transport, il embrassa Gottschal, ne sachant que dire ni que faire pour s'excuser d'avoir été si impoli envers lui. — Eh ! bien, vous pourriez supposer qu'à partir de ce moment, tout fut fini avec Maître Tausig. Pas du tout. Son anniversaire de naissance arrivait quelques jours après ; Caroline demanda à Gottschal de ne plus parler du vol des manuscrits, parce que Liszt aimait tant son Carl qu'il désirait tout oublier. Bien plus, Liszt embrassa Carl, et le félicita à propos de son anniversaire, se consolant lui-même en faisant la vieille prédiction : « Vous serez, mon petit Carl, soit un grand coquin, soit un grand Maître. »

Tausig avait une forte ambition comme compositeur, et publia, très jeune, nombre de compositions. Plus tard, il en fut mécontent et racheta tous les exemplaires qu'il put se procurer, afin de les brûler. Cela dépeint bien son sentiment de la perfection qui était développé jusqu'à l'extrême et devrait servir d'exemple à beaucoup de jeunes compositeurs. Je suis étonnée, en effet, de la témérité avec laquelle les jeunes gens courent à l'imprimerie, oubliant complètement que pour produire, même un court morceau de musique ayant une petite valeur, il faut beaucoup de talent.

Tausig, d'après mon opinion, possédait un génie exceptionnel comme compositeur, bien qu'il ait laissé peu d'œuvres pour l'attester.

On peut citer parmi elles son arrangement unique des trois valses de Strauss. Il avait une passion pour la philosophie et disait qu'il se retrouvait dans Kant et Hegel. Ces « arrangements » trahissent ses tendances métaphysiques et ne peuvent être le produit que d'une grande force mentale et d'une culture intellectuelle élevée. Appelant la valse elle-même, la trame de la composition, nous voyons apparaître en tous sens, parmi ses fils, un esprit tragique et compliqué, un sentiment exquis de raffinement et de délicatesse, une imagination piquante et aérienne qui, finalement, donne place à une transcription brillante et enchanteresse, ou plutôt à une transfiguration de beauté fascinatrice, qu'un virtuose seul peut rendre et qu'un connaisseur seul peut apprécier. S'il n'avait pas de génie créateur, il possédait certainement le don de donner un aspect entièrement nouveau aux idées des autres. Sa musique laisse une empreinte sur le cœur, et pour ceux qui peuvent juger de son mérite, comme compositeur, sa perte est profonde et irréparable.

DEPPE

CHAPITRE XVII

Kullak abandonné pour Deppe.
Méthode de Deppe concernant la touche et la gamme.
Fraulein Steiniger. — Etude de pédale — Accords.
Deppe n'est pas un « simple pédagogue ».

Berlin, le 11 décembre 1873.

Depuis que je vous ai écrit, je me suis arrêtée à une décision importante, celle de quitter Kullak, après avoir pris trois ou quatre leçons avec lui, et à présent j'ai un nouveau maître : Herr Kapell-meister Deppe. Je suppose que vous allez me croire folle, mais je sais cependant ce que je fais. Deppe me paraît être un homme très remarquable et c'est le meilleur des professeurs que j'aie eus. Naturellement, en disant cela, je ne compte pas l'incomparable Liszt, car Liszt n'est pas « professeur de piano», ainsi qu'il en faisait, dédaigneusement, la remarque lui-même.

J'ai fait la connaissance de Deppe tout à fait par hasard, à une réunion musicale donnée en l'honneur d'Anna Mehlig par un Américain qui demeure ici. J'avais souvent entendu parler de lui et je désirais beaucoup le connaître. Je vous dirai d'abord qu'il est chef d'orchestre et je l'ai souvent vu remplir ce rôle dans des concerts. La première fois qu'il est venu à Berlin, il y a quelques années, c'était dans ce but, pour remplacer Stern durant une absence de celui-ci en Italie. Vraiment, je n'ai jamais entendu la seconde ouverture de *Leonora*, de Beethoven, aussi bien exécutée que sous les ordres de son bâton.

C'est Sherwood qui a appelé mon attention sur lui comme professeur. Un jour, il s'est précipité chez moi en disant : « Oh ! je viens d'être ému par le plus beau jeu que j'aie entendu de ma vie ! » Je lui demandai qui provoquait un tel enthousiasme.

Il me dit que c'était une jeune fille anglaise appelée Fanny Warburg, et qu'elle était élève de de Deppe.

« Eh bien, qu'a-t-elle de si remarquable » ? lui demandai-je encore.

« Oh ! *tout* ! — exécution, expression, style, tout est *parfait* ! Je n'ai jamais rien entendu qui égale son jeu, et il me semble, à présent, que je ne pourrai plus jamais toucher le piano ».

C'était un langage surprenant chez Sherwood qui

est généralement porté à la critique et peu enthousiaste, aussi mon intérêt fut immédiatement éveillé.
Il continua à m'expliquer que Deppe avait formé
cette jeune anglaise (qui a maintenant dix-huit
ans), avec le plus grand soin, pendant six ans,
et que son intérêt pour elle était si grand qu'il ne
se bornait pas à lui donner des leçons, mais s'appli-
quait à former son goût musical en la conduisant
aux meilleurs concerts, à l'audition des grands
opéras, y appelant son attention sur chaque parti-
cularité de structure d'une composition, et lui
faisant des remarques dont un homme de profonde culture musicale est seul capable. Sherwood dit, qu'en plus, il la fait passer l'été à
Pyrmont, ville d'eaux près de Hanovre, où il va
lui-même chaque année, et que là, il l'écoute jouer,
tous les jours, les concertos de Mozart et toutes
sortes de choses. Je me disais en moi-même que
le professeur qui se donnait tant de mal pour une
élève aurait été le bon professeur pour moi, car
il était facile de voir que Deppe enseignait plus par
amour de l'Art que par amour de l'argent — chose
rare dans ces jours de matérialisme ! — Depuis,
Miss B... m'a parlé de lui à Weimar et je vous ai
fait connaître son opinion.

Donc, ainsi que je vous le disais, je suis allée à cette réunion musicale donnée pour Anna Mehlig et à laquelle assistaient beaucoup de musiciens et de critiques. J'écoutais Mehlig jouer lorsque Sherwood s'élança soudainement vers moi et me dit : « Venez dans la salle à côté pour être présentée à Deppe ». A ces mots magiques, je m'élançai. Je trouvai Deppe dans un coin, regardant autour de lui d'un air absent. Il est de taille moyenne, a le front très développé, des yeux bleus au regard perçant, une petite bouche délicate et une expression gaie et franche. Il nous donna une poignée de main, puis nous nous assîmes et entamâmes une conversation des plus animée sur la musique. Je lui dis combien tout ce que j'avais entendu dire de lui m'intéressait, — que j'étais retournée trouver Kullak pour un dernier essai — que j'étais fatiguée de son éternel pédagogisme — et que je désirais beaucoup étudier avec *lui*.

Il me demanda quelle était ma principale difficulté, et je lui répondis, naturellement, que « c'était la partie technique». Il se mit à sourire, me dit que «c'était la plus petite difficulté et que tout le monde pouvait devenir maître de son exécution, à moins qu'il n'y ait quelque vice dans le développement de la

main ». Je lui dis que j'avais énormément étudié,
mais sans parvenir à acquérir la dextérité voulue,
et que je rencontrais, toujours, dans chaque morceau, un passage très difficile que je ne pouvais pas
arriver à perfectionner. Il m'affirma qu'il était sûr
de pouvoir remédier à ce défaut et que, si je voulais lui montrer ma main dégantée, il me dirait tout
de suite de quoi j'étais capable. Je ne voulus pas
enlever mon gant, tellement je craignais qu'il trou-
vât quelque défaut radical ; mais j'étais charmée par
la façon dont il envisage le côté technique et par
la certitude qu'il semblait avoir que je surmonte-
rais mes difficultés. Je lui promis donc d'aller jouer
devant lui le mercredi suivant.

Je me suis présentée chez Deppe au jour indiqué,
m'attendant à y rester environ une demi-heure,
mais j'y suis restée *trois grandes heures*, pendant les
quelles nous avons causé sans discontinuer. Ainsi,
vous devez imaginer que nous avions beaucoup
de choses à dire. Deppe a, pour logis, deux petites
chambres dans la Königgrätzer Strasse, seulement
à quatre maisons de distance de chez W... où j'ai
demeuré pendant si longtemps. Si j'avais su que
j'étais aussi près d'un tel maître ! Nous sommes
passés souvent l'un à côté de l'autre, dans la rue.

et je me demande où était alors mon bon ange qui ne m'a jamais touché le bras en me disant : « Voilà le professeur qu'il vous faut ! »

N'est-il pas impressionnant de penser que nous pouvons être tout près du plus grand bonheur, même du salut, et ne pas le savoir!

La chambre en façade, chez Deppe, était presque remplie par le piano qui, ainsi que les chaises et la plupart des meubles, supportait des collections de musique. Je jetai un coup d'œil sur les cahiers et j'aperçus presque toutes les séries d'Etudes qui existent sous le soleil, ainsi que des concertos et les morceaux des plus grands compositeurs, tous marqués et doigtés au crayon, de la façon la plus minutieuse. En tournant les feuilles on pouvait se rendre compte de l'étude soigneuse que Deppe avait faite de tout ce qu'il donnait à ses élèves.

La porte par laquelle on a accès dans l'autre chambre est double, pour empêcher le son d'y pénétrer; je frappai sur le battant extérieur, puis j'entendis un bruit de clés et Deppe se trouva devant moi. Il me tendit la main de la manière la plus accueillante, en me saluant avec le sourire le plus aimable. J'enlevai mon manteau et mon chapeau, puis je commençai à jouer. Il m'écouta tran-

quillement, sans m'interrompre, et, lorsque j'eus
fini, il me dit qu'il constatait que mes difficultés
résidaient, en effet, dans le mécanisme des doigts, que
j'avais du style et une bonne conception musicale,
mais que mon exécution était inégale et pressée,
mon poignet raide, le quatrième et le cinquième
doigts très faibles, que je ne faisais pas rendre
au piano un son assez plein et arrondi, que je ne
savais pas comment employer la pédale, et finalement que j'étais trop nerveuse et agitée.

« Il faut dompter cette agitation », me dit-il, « et
écouter attentivement votre jeu. Vous avez assez de
talent pour être capable de vaincre toutes vos difficultés, si vous voulez avoir de la patience et suivre
exactement mes indications ».

— « Je ferai tout ce que vous m'ordonnerez, »
répondis-je.

— « Très bien. Mais je vous avertis qu'il vous
faudra abandonner, pour le moment, tout ce que
vous jouez, et n'étudier que ce que je vous donnerai,
et encore vous devrez le faire très lentement ».
C'était une perspective agréable, lorsque je me
préparais à donner un concert à Berlin, sous les
auspices de Kullak, et que j'avais déjà appris la
moitié de mon programme ! Le démon seul peut

m'avoir envoyé cette épreuve que je me suis crue obligée d'accepter !

Me voilà donc, après quatre années passées à l'étranger, avec « les plus grands maîtres », obligée de retourner aux premiers principes et de recommencer les exercices élémentaires des cinq doigts ! On ne m'a jamais donné d'indication spéciale pour tenir la main, en dehors de la règle générale qui recommande de courber les doigts et de les lever très haut. Deppe fait des objections à cette extrème élévation des doigts. Il dit que cela produit un *nœud* dans les muscles et que la force ne réside plus que dans les doigts, tandis que si on les lève modérément tous les muscles du bras sont en jeu. Le son est complètement différent. En plus, lever autant les doigts et les faire frapper avec force raidit le poignet, détermine entre les notes un léger intervalle qui nuit à l'harmonie de leur union. Cela produit l'effet d'un coup sur la touche du clavier, le son est plus aigu, plus bref, tandis qu'en laissant seulement tomber les doigts, il est plus rempli, moins fort, mais plus pénétrant. Je suppose que les marteaux retombent plus doucement sur les cordes, ce qui les fait résonner plus longtemps.

Je vous ai dit, vous en rappelez-vous, que Liszt avait une façon toute spéciale et extraordinaire de jouer une mélodie, que les sons avec lui ne paraissaient pas si forts et si détachés les uns des autres que dans l'interprétation de beaucoup d'artistes. mais qu'ils étaient plus pénétrants. Eh bien, voilà le secret de son jeu ! « Jouez avec *poids* », vous dira Deppe, « ne frappez pas avec les doigts, laissez-les tomber; le son sera d'abord à peine perceptible mais il gagnera de la force avec la pratique de chaque jour ».

Après cette explication je me suis rappelé n'avoir jamais vu Liszt lever les doigts aussi haut que le font, par exemple, ceux qui sortent du Conservatoire de Stuttgart.

Deppe me fait écouter chacune de mes notes et la lier à la suivante en surveillant bien la courbe des doigts dont pas un ne doit former une proéminance sur les autres, chose excessivement difficile à obtenir. J'ai suivi son conseil et ai tout abandonné pour arriver à bien jouer ces petits exercices de débutante. Deppe n'exige pas seulement que les doigts soient aussi courbés que possible afin que l'on puisse jouer tout à fait sur leur extrémité, mais il fait incliner la main très en dedans, de façon à ce que les jointures du quatrième et du cinquième doigt soient plus élevées que celles du deuxième et du troisième. Il ne permet pas que l'on éloigne les coudes du corps pour obtenir cette position de la main *qui doit dépendre du poignet*, et dont le but est de favoriser le quatrième et le cinquième doigt en leur donnant, par leur élévation, une chute plus grande. Cela les fortifie aussi beaucoup, donne à la main une position plus élégante sur le clavier et répond à une des plus grandes devises de Deppe qui est celle-ci : « Quand l'aspect est gracieux, c'est bien ». Il recommande, en outre, de courber le pouce et de le rendre indépendant de la main. Il prétend que beaucoup de personnes entravent leur exécution en ne se conformant pas à ce dernier précepte car, lorsque le pouce se contracte, sans être indépendant, la main est affaiblie.

Après m'avoir fait travailler, d'après les principes que je viens de vous décrire, les exercices des cinq doigts en gardant le poignet très souple (chose très décevante, car j'ai été longtemps avant de pouvoir me rendre compte si je raidissais mes poignets volontairement ou non), il m'a fait aborder l'étude de la gamme. Il fait toujours commencer

par la gamme en *mi* majeur qu'il trouve la plus
utile de toutes à perfectionner. Son principe est de
ne pas tourner le pouce sous la main en jouant
une gamme, mais de presser fermement sur la touche, avec l'extrémité de chaque doigt, en le tournant un peu, comme si c'était un pivot, jusqu'à ce
que le doigt suivant soit amené sur sa note. On
prépare ainsi la position du pouce qui reste indépendant de la main et légèrement courbé. — Il
m'ordonna donc de jouer lentement la gamme
en *mi* majeur avec la main droite et il posa sa
main sur la mienne, me disant qu'il n'intervien-
drait pas tant que mon jeu serait bon. Je montai
une octave, puis j'essayai de continuer en mettant
mon pouce sur le *mi* et mon second doigt sur le *fa*
dièze, et, pour cela, naturellement, je tournai ma
main en dehors, mais elle buta contre celle de
Deppe. « Continuez », me dit-il. — « Je ne le peux
pas, votre main m'en empêche. » — « Ma main ne
vous en empêche pas, me répliqua-t-il, mais la
vôtre n'est plus dans la bonne position ».

Je recommençai donc, et cette fois je réfléchis.
Lorsque mon quatrième doigt fut sur le *ré* dièze je
gardai ma main inclinée de droite à gauche, mais je
me préparai à placer le pouce sur le *mi* et mon

deuxième doigt sur le *fa* dièze, en tournant vivement mon poignet en dehors. Ce mouvement
amena mon pouce sur la note et mon doigt sur le
dièze sans rien changer à la position de la main, et
je continuai toute la gamme de la même façon.
Essayez de faire cela une fois et vous verrez combien c'est ingénieux, mais faites attention à ne pas
projeter le coude en dehors lorsque vous tour-
nerez le poignet. Comme dans la gamme montante
on doit tourner le pouce deux fois dans chaque
octave, la manière de jouer de Deppe évite de
déplacer deux fois la main, ainsi qu'on le fait,
d'après l'ancienne méthode. La rapidité et l'égalité de la gamme sont ainsi plus grandes.

Ne vous rappelez-vous pas que je vous ai dit
encore, en parlant de Liszt, que l'égalité, la rapidité et la légèreté de son exécution étaient inconce-
vables? Pendant que Deppe nous expliquait tout
ceci, je me suis soudainement rappelé que lorsque
Liszt jouait des gammes, il semblait que ses doigts
étaient étendus, inclinés sur le clavier et exécu-
taient les passages rapides presque sans mouvement perceptible.

Comme Liszt est au piano un exécutant inspiré, il faisait probablement toutes ces choses par

instinct, sans les raisonner, et c'est pourquoi aucun autre jeu ne rendait un son comme le sien. Quelques-uns de ses élèves possédaient un mécanisme merveilleux et j'avais l'habitude de me torturer l'esprit pour arriver à découvrir comment il se faisait que lorsque Liszt jouait une chose qui venait d'être jouée par l'un d'eux de la façon la plus parfaite, la première exécution semblait dure en comparaison de la sienne. Eh bien, ma chère, nous y voilà, nous avons découvert un autre secret ! Je suis certaine que Deppe est le seul professeur au monde qui ait parfaitement approfondi cette idée et, ainsi qu'il le dit, « c'est aussi simple que l'œuf de Christophe Colomb, lorsque vous avez trouvé ! »

Deppe commence toujours la gamme au milieu du clavier, monte trois octaves avec la main droite et en descend trois avec la main gauche. Il dit que toute la difficulté est en montant : que descendre la gamme est excessivement facile, qu'il n'y a qu'à laisser courir les doigts ! Il me fait toujours jouer d'abord avec chaque main séparément, très lentement ; puis, avec les deux mains ensemble dans des directions contraires en augmentant la rapidité du mouvement. Après cela il me fait jouer en tierces, quintes, octaves. etc.

Berlin, le 25 décembre 1873.

Je suis une pauvre mortelle trop bouleversée pour que ce Noël puisse être pour moi un « Joyeux Noël! » Pensez qu'il y a un mois je me préparais, ici, à donner un concert, lorsque j'ai eu la bonne ou la mauvaise chance de faire la connaissance de Deppe, et de découvrir que j'aurais dû prendre des leçons avec lui pendant les quatre dernières années. Alors, j'abandonne Kullak, mon projet de concert, pour étudier avec Deppe et me présenter au public sous ses auspices. Après deux leçons prises avec lui, votre lettre m'apporte la nouvelle de cette terrible panique nationale (1). Pourrait-il y avoir quelque chose de pire pour quelqu'un qui a réellement essayé d'atteindre son but? — En ce moment, je suis comme le professeur qui a donné des conférences pour prouver une certaine théorie et qui, arrivé à la quatorzième, s'aperçoit qu'elle est fausse et consacre toutes les séances qui lui restent à démontrer son erreur!

Cependant, après avoir appliqué les principes de Deppe à l'étude de la gamme, je constate qu'ils ouvrent la voie à une rapidité, une sûreté, une

(1) Miss Fay craignait d'être obligée de retourner en Amérique.

aisance et une élégance d'exécution que je n'avais pas été capable d'apercevoir auparavant pour moi, avec mes mains raides, même dans un obscur lointain.

Un de ses grands dadas est le *son*; jamais il ne me laisse jouer une note sans l'écouter avec la plus grande attention, tenant à ce que je lui fasse rendre un son qu'il appelle « *conscient* ». Les mains ne se promènent plus mécaniquement sur le clavier, « pendant que vous pensez à tout autre chose » (ainsi que les romanciers disent toujours de leurs héroïnes), mais au lieu de cela, l'attention est étroitement attachée à écouter si une note ne prédomine pas sur une autre, et à remarquer l'effet produit.

J'étais très étonnée de voir combien de mauvaises petites habitudes j'avais à corriger, et que j'ignorais complètement, Il me semblait que mes oreilles s'ouvraient pour la première fois. Une telle concentration d'esprit est fort fatigante, et après deux ou trois heures d'études, je me sens vraiment prête à tomber de mon siège!

J'ai oublié de vous dire que Deppe conseille de choisir un siège très bas, c'est-à-dire de la hauteur d'une chaise ordinaire. Il dit qu'avec un siège élevé, on ne pourrait pas même si on avait « l'âme d'un ange » mettre de poésie dans son exécution. En plus, avec un siège bas, les doigts travaillent davantage, parce que le bras ne vient pas autant à leur aide. « Votre coude dit-il, doit être lourd comme du plomb, et votre poignet léger comme une plume. » Naturellement, la hauteur du siège doit être modifiée selon les personnes.

Avant que je me décide à abandonner définitivement Kullak. Deppe a insisté pour que j'entende jouer une de ses élèves. Fanny Warburg est en Angleterre, mais il a une autre élève dont il est très orgueilleux : Fraulein Steiniger. Cette jeune fille a été avec Kullak, et je l'ai entendue jouer, dans son Conservatoire; elle avait un bon talent, sans être un génie. Deppe dit qu'elle avait tous mes défauts, mais plus accentués, lorsqu'elle est venue le trouver; elle a étudié avec lui de la manière la plus assidue pendant quinze mois et il voulait me faire constater les résultats obtenus. Elle se préparait à jouer dans un concert à Lübeck, et Deppe devait revoir ses morceaux avec elle, samedi, pour la dernière fois. Il m'a priée d'assister à cette répétition, ce que j'ai fait, naturellement.

J'ai été très frappée de son jeu qui était remarquable, non par le sentiment ou la poésie mais par la perfection avec laquelle elle faisait toute chose. Il y avait dans ses gammes et dans ses triolets une clarté, une limpidité qui me surprenaient et me réjouissaient. Sa main gauche était aussi agile que sa main droite, et avait une manière d'attaquer et de rendre, comme un rien, les passages les plus compliqués, qui vous causait un véritable plaisir ! J'étais très impressionnée par l'éclat de ses accords, leur vitalité, leur élasticité, et je ne me rappelle pas avoir trouvé, chez les élèves des autres maîtres, une aussi complète unité d'effet, pendant toute la durée de l'exécution. La position de la main était parfaite ; toutes les difficultés semblaient fondre comme neige, ou être surmontées avec la plus grande facilité. Je pus me rendre compte, sur le champ, que Deppe est un professeur excellent et je crois qu'il a posé la base d'une école d'après ses propres idées.

Fraulein Steiniger joua un charmant Quintette par Hummel, une belle Suite par Raff, et deux Études, le tout exécuté, il m'a semblé, exactement comme cela devait l'être. Lorsqu'elle eut fini, nous eûmes une longue conversation au sujet de Kullak. Elle me dit qu'elle était restée avec lui pendant des années, étudiant de son mieux et n'arrivant jamais à rien. A la fin, voyant qu'il ne l'aidait en quoi que ce soit, elle résolut de se présenter elle-même au public, et alla trouver Deppe qui, à ce moment, conduisait les concerts d'orchestre de Stern; elle lui demanda s'il ne voudrait pas lui permettre de jouer dans l'un d'eux. Deppe la reçut avec sa cordialité et sa bonté caractéristiques, mais dit qu'il ne pouvait faire aucune promesse avant de l'avoir entendue, et il fixa un moment auquel elle devait aller jouer devant lui. Elle avait préparé le grand concerto en *mi* bémol de Beethoven, que tout le monde joue ici. Deppe éprouve à l'écouter, autant d'ennui et de difficultés que Liszt, lorsqu'il s'agit du scherzo en *si* bémol de Chopin.

« Pauvres chefs d'orchestre que nous sommes! » s'exclama-t-il, les artistes continueront-ils toujours à nous apporter le concerto en *mi* bémol de Beethoven? Pourquoi n'apporteraient-ils pas celui qui est en *si* bémol, ou un concerto de Mozart? Tout le monde veut un grand répertoire aujourd'hui. Le grand torrent rapide est à la mode, mais qui peut symboliser dans son jeu le petit ruisseau aux ondulations et aux rides gracieuses, au tremblotement délicat! Personne n'a de doigts pour ces jolis petits passages. » Et alors, il termine en disant qu'il est en Allemagne le seul homme capable de donner des « doigts », parce qu'il sait de quoi ils dépendent.

Néanmoins, il écouta patiemment, pour la millième fois, le concerto en *mi* bémol que Steiniger lui joua, puis il appela tranquillement son attention sur le fait qu'elle « n'avait pas de doigts », chose qui la jeta dans un profond désespoir. Deppe vit qu'elle était énergique et désireuse de travailler, aussi il la prit en main, et commença à la diriger. Elle se retira complètement de la société, se donna à l'étude en suivant exactement ses indications, et elle est, à présent, une artiste excellente.

Je ne doute pas qu'elle joue bientôt dans le Gewandhaus, à Leipzig, ce qui est le sommet de l'ambition de tous les artistes, et vous consacre comme étant « accompli »; on reconnaît alors votre talent sur toute la surface de la terre. Deppe n'a pas l'intention de la laisser jouer ici, avant qu'elle ait obtenu du succès dans plusieurs petites villes, car, me disait-il l'autre jour : « lorsque vous voulez gravir une haute montagne, il faut commencer par gravir les petites ». Il me conseille de prendre une leçon tous les jours avec elle, pendant quelque temps, afin d'arriver promptement à perfectionner la partie technique.

Quant à la jeune protégée de Deppe, Fanny Warburg, qu'il a formée complètement, tout le monde dit qu'elle est merveilleuse. Fraulein Steiniger prétend que lorsque vous l'entendez jouer, vous sentez presque l'impression d'une chose sainte, tellement il se dégage de son jeu un effet spirituel. Et elle n'a que dix-huit ans ! Deppe m'a montré la liste des compositions qu'elle a jouées dans des concerts, ailleurs, et j'ai été étonnée de sa variété et de son étendue, tout grand compositeur y était représenté.

Entre autres raffinements de son enseignement, Deppe m'a demandé si je n'avais jamais fait quelques études de pédales. « Non », lui ai-je répondu. « personne ne m'a rien dit de particulier concernant la pédale, si ce n'est qu'il faut en éviter l'emploi dans les gammes, et encore je croyais que c'était une affaire de goût. »

Il me pria alors de jouer la simple petite étude de Cramer en *ré* majeur dans le premier cahier, que vous connaissez. Je l'avais jouée à Tausig, qui ne m'avait fait aucune observation sur mon emploi de la pédale, aussi je m'assis en pensant que j'étais capable de la mettre et de l'enlever comme il le faut. Mais je vis bientôt que j'étais dans l'erreur, et que Deppe avait une idée toute différente sur le sujet. Il joua l'étude lui-même, phrase par phrase, faisant une pause entre chaque mesure, pour la laisser « chanter ». Je me rendis compte, très rapidement, que l'on peut obtenir une très grande virtuosité avec la pédale, et qu'il faut l'étudier soigneusement. Vous vous rappelez sans doute que je vous ai écrit qu'un des nombreux secrets de Liszt pour produire ses effets, résidait dans l'emploi de la pédale, et qu'il avait une manière. un don spécial de désincarner son morceau du piano, pour le rendre flottant dans l'espace? Il lui donne une forme spirituelle, si visible à votre imagination, qu'il vous semble presque l'entendre respirer. Deppe a. je crois, le même principe, bien qu'il n'ait jamais entendu jouer Liszt. « Les pédales, dit-il, sont les poumons du piano ». Il joua quelques mesures d'une sonate, et dans sa façon de lier les notes, de les soutenir avec la pédale, je reconnus Liszt. *Cela flottait!* A moins qu'il ne désire obtenir un très brillant accord, Deppe a pour coutume de mettre la pédale après l'accord, au lieu de la mettre en même temps. Le son obtenu ainsi est idéal. Vous pouvez ne pas le croire, mais c'est vrai. Deppe, bien que n'étant pas pianiste, et ayant de drôles de petites mains rouges qui ne semblent capables de rien, a la même touche, la même qualité de chant dans les notes que Liszt, — il possède cet indescriptible *quelque chose* qui fait lorsqu'il frappe seulement quelques accords, les larmes vous monter aux yeux. C'est trop idéal pour que je puisse vous en donner une idée!

Berlin, le 2 février 1874.

Après m'être bien mis les principes de la gamme dans la tête j'ai dû, sur les ordres de Deppe, reprendre l'école de la vélocité de Czerny, études que je n'avais pas regardées depuis mon enfance et que je me flattais d'avoir abandonnées pour toujours.

Or, avoir étudié Cramer, Clémenti (le Gradus), Chopin, et recommencer à travailler l'école de la vélocité, est, vous pouvez vous l'imaginer, un beau retour en arrière. (Mais qui de nous connaît ce qui lui est réservé!) Je devais étudier avec une main seule, et très lentement...! n'était-ce pas ajouter l'injure à l'ennui? Deppe sait cependant ce qu'il fait. Il a commencé par choisir des passages au hasard dans le cahier et par me les faire jouer, jusqu'à ce que je les exécute comme il faut; après, il m'a donné une étude entière à étudier, d'abord avec une main, puis avec les deux!

Deppe m'a ensuite appris comment frapper les accords. Il me fait lever les mains assez haut au-dessus du clavier et les laisser retomber sans résistance sur les notes de l'accord qu'il faut *enfoncer avec le poignet*, en gardant la main étendue. C'est un vrai petit truc, de laisser les mains tomber ainsi, mais quand on l'a saisi, l'accord a un son beaucoup plus riche et mieux rempli. — Et c'est ainsi de suite, *ad infinitum*. Deppe a vraiment trouvé le meilleur moyen de faire tout valoir sur le piano, — la gamme, l'accord, le triolet, les octaves simples, les octaves brisées, les tierces brisées, les arpèges, l'accent, le rythme — tout! Il prétend que le principe de la gamme et celui de l'accord sont tout à fait opposés. « En jouant une gamme, dit-il, il vous faut donner à votre main la forme d'une coquille de noix et jouer sur le bout des doigts. En frappant un accord, il vous faut, au contraire, étendre la main comme si vous vouliez donner une bénédiction. » C'est surtout le cas, quand l'accord comprend un grand intervalle. Il m'a dit de bien observer la façon dont Rubinstein frappe ses accords, si je l'entends encore jouer. « Il étend ses mains comme s'il voulait saisir l'univers et les lève au-dessus du clavier avec une aisance parfaite et le plus entier *abandon*! » Deppe a la plus grande admiration pour le son que Rubinstein sait tirer du piano, il dit qu'en cela il n'a pas son égal mais que, comme artiste, Tausig était au-dessus de lui. Il nous a beaucoup amusés, en contrefaisant Tausig qui avait l'habitude de venir jouer dans sa chambre et qui, en y entrant, faisait une demi-révérence et allait vivement s'asseoir au piano pour commencer tout de suite, sans prononcer un mot, prenant à peine le temps de dire « bonjour »; c'était vraiment très drôle! Deppe trouve que Tausig jouait certaines choses d'une manière incomparable, mais que dans d'autres il était froid, sans âme. Selon lui, Clara Schumann est, de tous les grands artistes, la plus « musicienne », et vous vous rappelez, sans doute, combien j'ai été frappée du jeu de Nathalie Jonatha, qui est son élève, et qui joue absolument comme elle.

Il ne faut pas croire, d'après tout ce que je vous dis, que Deppe n'est qu'un pédagogue. En réalité, l'âme de la musique est incarnée en lui, « j'entends, dans la musique, ce que l'on ne

joue pas », nous dit-il, et tout ce qu'il fait « tend
à une fin ».

Aucun pianiste ne lui ayant jamais entièrement
convenu, il se décida à examiner attentivement
l'instrument, afin de savoir pourquoi. Il se lia dans
ce but, avec les plus grands virtuoses, étudia attentivement la manière de jouer de chacun, et le résultat de ses observations fut que c'est « le jeu de
piano, l'exécution qui est la seule chose à amélio-
rer. » Il déclare qu'il y a beaucoup de talent musical perdu dans le monde, qu'on trouve « errant
dans les rues », et il explique d'une manière très
ingénieuse comment il se fait que malgré l'ignorance de sa méthode, on rencontre tant de grands
pianistes. « C'est, dit-il, que les personnes douées
jouent par la grâce de Dieu, mais *tout le monde*
pourrait bien jouer avec *mon* système!! »

Pour vous prouver que d'autres émettent sur
Deppe le même jugement que le mien, je vous citerai le fait que quatre des meilleurs élèves de Kullak,
y compris Sherwood! l'ont quitté pour Deppe,
après moi. Ce que je leur ai dit de Deppe les a rendus désireux de le voir, et dès qu'ils ont entendu
jouer Fraulein Steiniger, ils ont conclu qu'elle possédait quelques secrets dont ils ne connaissaient

rien. Sherwood qui est, vous le savez, un véritable génie, recommence tout, aussi lui. Bref, nous sommes unanimes à glorifier Deppe et son enseignement, tandis que lui est heureux d'avoir quelques élèves américains, car il se flatte que nous introduirons ses idées chéries dans notre pays « nouveau et ami du progrès ».

Ah! pourquoi n'ai-je pas connu Deppe il y a quatre ans et n'ai-je pas étudié avec lui avant d'aller à Weimar! Que ne serais-je pas à présent! J'aurais pu jouer à Liszt, qui était si bon et si encourageant, beaucoup plus souvent que je ne l'ai fait, car je ne me sentais pas *digne* d'être *son* élève!

Cette idée m'a rendue trop malheureuse, après ma première leçon avec Deppe, aussi me suis-je mise à pleurer abondamment. Le lendemain matin, je pleurais encore et en me voyant si affligée, ma propriétaire, qui est bonne et affectueuse, me demanda ce qui me causait tant de chagrin. Je lui dis combien j'étais désolée de ne rencontrer ainsi, qu'au dernier moment, le professeur que j'aurais dû rencontrer quatre ans plus tôt. — « Au contraire, il faut vous réjouir *d'être arrivée* à le rencontrer, dit-elle, combien de personnes traversent la vie sans trouver ce qu'elles cherchent, ou le trouvent sans le savoir ». Voilà une femme logique et sensée ! Son raisonnemeut m'aida à mettre fin à mon agitation et j'essayai de croire « qu'une divinité forme nos destinées et que nous devons lutter de notre mieux contre l'adversité ».

Berlin, 31 mai 1874.

La saison que je viens de passer avec Deppe a une telle importance pour moi que je ne la donnerais ni pour or ni pour argent. En étudiant d'après sa méthode on obtient un son arrondi, doux et cependant pénétrant ; l'exécution est plus facile et on a le moyen de mieux la perfectionner ! En somme, il me semble qu'avec le temps on peut arriver à tout, mais *il faut* avoir le temps, car on doit étudier pendant des mois, et très lentement, les choses les plus simples.

Deppe ne veut rien me laisser finir à présent, aussi je ne sais à quel point j'en suis. Il a pour principe de ne jamais apprendre complètement un morceau la première fois qu'on l'étudie, mais seulement à demi, puis de le mettre de côté, comme un fruit que l'on conserve sur un rayon pour mûrir ; après, on le reprend pour le perfectionner.

Le principe peut être bon, mais il m'empêche de jouer en société, car je ne sais rien à fond, et je me demande comment Sherwood peut faire. Il a un répertoire complet et joue admirablement morceau sur morceau. Mais c'est un génie parfait, il fera sensation quand il se produira en public. Il possède cette imperturbabilité et ce calme si précieux aux artistes mais dont, malheureusement, peu de nous sont doués. Ses compositions sont exquises et si poétiques !

Chaque leçon prise avec Deppe est pour moi la source d'une nouvelle impulsion dans le domaine musical, car elle me réserve toujours quelque chose de nouveau, d'inattendu — dont je n'avais jamais rêvé auparavant — et je me sens éperdue d'étonnement et d'admiration. Les semaines s'écoulent si rapidement qu'elles me semblent des jours.

Deppe me donne la plus belle musique et ne perd pas son temps sur des études qui, ensuite, ne me seraient pas utiles, ce dont je me réjouis. Dans le Conservatoire de Tausig et dans celui de Kullak je me suis attardée sur des choses qui sont assez belles, agréables à jouer pour soi-même, mais qui ne produisent aucun effet dans une réunion, dans une salle de concert, comme le *Toccata* en *do* de

Bach, par exemple, qui est très long à apprendre
et d'aucun avantage pour l'avenir. Contrairement à
ce système imprévoyant, Deppe à un plan sage-
ment organisé.

Lorsque je signalais quelque difficulté à Kullak
il se bornait à me dire : « Etudiez toujours, Mademoiselle, cela viendra avec le temps. Tenez votre
main de la manière qui vous est le plus commode,
vous pouvez le faire comme ceci — ou comme cela,
(et il me montrait différentes positions de la main
dans les passages difficiles) ou jouez avec le *dos* de
la main si cela peut vous aider ! » Mais Deppe au
lieu de me dire : « Vous arriverez après des
années d'étude », me montre comment je peux le
faire dès à présent. Il prend un morceau, et tout
en le jouant avec la plus merveilleuse délicatesse
et *finesse* de conception, il en dissèque froidement
les éléments mécaniques, me les fait distinguer en
m'indiquant comment je dois les attaquer l'un
après l'autre. Bref il fait un tout identique de la
technique et de la conception musicales, ce qui
devrait toujours être ; c'est le seul maître qui
essaye de former ses élèves en leur inculquant
cette notion.

Deppe a aussi, je crois, une bonne manière de

m'écouter jouer, et c'est celle qu'avait Liszt. Il ne m'interrompt jamais dans le courant d'un morceau, me laisse le jouer du commencement à la fin, puis se reporte aux endroits qu'il a notés et m'indique les corrections à faire, me donne ses avis. Ces derniers ont toujours un sens si étendu que je les retiens comme des principes, aussi, sans avoir l'intention de critiquer les excellents maîtres auxquels je dois toute ma première culture musicale je peux dire que j'éprouve l'impression d'avoir trouvé enfin, non un simple pianiste virtuose, quelque grand qu'il soit, mais un profond *savant* musicien — un homme qui a été violoniste, chef d'orchestre et qui, sans être un pianiste exécutant, a fait de telles études du piano qu'il pourrait enseigner quelque chose à tous les maîtres, sauf Liszt. Vous pourrez me trouver très enthousiaste, même exagérée, mais, que je devienne maître ou non de ma main récalcitrante, quand je reviendrai à la maison et que je vous montrerai comment jouer, d'après la méthode de Deppe, vous vous rendrez à son génie et le reconnaîtrez avec la même admiration que moi. Vous me direz alors que *j'avais raison* !

22 Juillet. — Je me suis finalement décidée à

suivre Deppe à Pyrmont où je passerai plusieurs
semaines en continuant de prendre mes leçons et
peut-être y donnerai-je un petit concert. En outre,
j'ai toujours eu le désir de voir une des villes d'eaux
allemandes, car on dit qu'elles sont excessivement
agréables.

CHAPITRE XVIII

Le Conservatoire de Bruxelles. — Excursion à Kleinberg.
Un concert à Pyrmont. — Fraulein Timm.

Pyrmont, 15 août 1874.

Deppe est de retour de Bruxelles et, ainsi que
vous pouvez l'imaginer, il a beaucoup de choses à
nous raconter au sujet de son voyage, surtout ayant
été à Londres. Les professeurs du Conservatoire de
Bruxelles ont été excessivement aimables avec lui et
il a pu entendre quelques jeunes élèves de talent,
entre autres une jeune fille de dix-sept ans, si parfaitement douée qu'il donnerait beaucoup, dit-il,
pour l'avoir parmi ses élèves, bien que son jeu ne
lui ait pas convenu, sous plusieurs rapports. Il nous
a confié qu'il aurait pu faire quelques critiques
sévères, mais qu'il s'en est abstenu — d'abord
parce qu'il en sentait l'inutilité, et aussi « parce
que l'on devient très aimable lorsque de *jeunes
dames* sont en question ! » Il a fait les plus grands

éloges de la classe de violon. « Quel bon coup d'archet ont ces jeunes gens! » exclamait-il.

Dupont, le grand professeur de piano à Bruxelles doit être un homme de beaucoup d'esprit, à en juger d'après deux de ses compositions qui me sont familières — le *Toccata* et le *Staccato*. Gurickx, un de ses élèves que j'ai rencontré à Weimar m'a beaucoup parlé de lui. Gurickx avait un jeu magnifique, un brio sans pareil ; c'était comme une batterie électrique, mais dénotait une tout autre école que celle du sévère, chaste et classique Deppe ! Deppe est surtout caractérisé par une extrême *pureté de style*, non par le style passionné ou rempli d'émotion. Ainsi, c'est à peine s'il m'a donné quelques morceaux de Chopin ; il me limite aux classiques, car il trouve que mes études n'ont pas été poussées assez loin de ce côté. Il prétend que l'on a « les oreilles rebattues de la musique de Chopin et que l'on devrait le mettre de côté pendant vingt ans ! » Deppe ne parlerait évidemment pas ainsi si Chopin lui était sympathique, et la vérité est que son caractère simple et franc ne trouve aucun charme à la « Nature problématique et compliquée » des temps modernes.

Dernièrement, Steiniger a joué de la façon la plus

parfaite à deux concerts qu'elle donnait ici. Elle a
exécuté avec accompagnement d'orchestre le concerto en *si* bémol majeur de Mozart, qui est le plus
difficile de tous les concertos, mais qui est si joli!
C'était la première fois que j'entendais jouer ce
concerto, chose dont j'avais envie depuis longtemps,
et en l'écoutant je me disais que je ne quitterais
jamais Deppe avant de pouvoir jouer *cela*! Il est
semé de difficultés à vous en faire dresser les
cheveux sur la tête, cependant Steiniger le jouait
avec une aisance étonnante; les notes semblaient
courir sous ses doigts comme en plaisantant. Je
doute que quelqu'un n'ayant pas étudié avec Deppe
puisse aussi bien jouer ce concerto, car une des
beautés de la méthode de Deppe consiste en ce que
les plus grandes difficultés deviennent, avec son
aide, de véritables fantaisies.

J'aime voir Deppe diriger l'orchestre lorsque Steiniger joue un concerto de Mozart. Ses yeux bleu
clair s'éclaircissent encore et prennent un regard
ensoleillé, tandis qu'il se tient si légèrement sur
l'extrémité des pieds que l'on croirait qu'il veut
entrer en danse avec son bâton! Il est l'incarnation de Mozart, comme Liszt et Joachim sont celle
de Beethoven, et comme Tausig était celle de Cho-

pin. Il possède une organisation musicale d'une délicatesse merveilleuse et un instinct, pour trouver comment les choses doivent être jouées, qui touche à la clairvoyance. Ainsi, Fraulein Steiniger lui dit un jour : « Herr Deppe, je ne sais à quoi cela tient, mais je ne puis arriver à faire les mesures d'ouverture de ce morceau rendre l'impression qu'elles doivent produire ». — « Je sais pourquoi, dit Deppe, c'est parce que vous ne frappez pas l'accord en *sol* mineur avant de commencer », — et il en était bien ainsi, car lorsque Steiniger suivit son avis, l'accord se touva servir d'introduction au mode suivant et fixer ainsi le ton.

En dehors de la musique, Deppe a, comme tous les artistes, une nature très enfantine, et je crois que Mozart ne lui est aussi sympathique que parce qu'il a un caractère simple et gai comme le sien.

Nous avons fait une jolie excursion en voiture, l'autre jour, à travers les collines, jusqu'à un village assez éloigné où nous avons pris le café en plein air. Deppe qui connait pouce par pouce tous les environs de Pyrmont, pour les fréquenter depuis son enfance, appelait sans cesse, avec plaisir, notre attention sur les différents points du paysage, sans remarquer qu'il disait cinquante fois la même chose. « Ce petit village que vous apercevez là-bas est Kleinberg, il a une école et une église dont le pasteur s'appelle Kœhler », me dit-il d'abord, puis il le répéta à chacun dans la voiture et ensuite se leva pour le crier aux personnes qui étaient dans l'autre véhicule, derrière nous. Lorsque nous fûmes tous descendus de voiture il recommença à donner l'information et, quelques moments après, pendant que je marchais un peu en avant avec Fraulein Estleben, les dernières paroles que j'entendis résonner sur le sommet de la colline furent celles-ci : « Le pasteur s'appelle Kœhler ». Je me demande combien de fois Deppe a répété cela, dis-je à Fraulein Estleben. — « Au moins cinquante fois », me répondit-elle en riant. — « Eh bien, je vais aller le prier de me dire une fois encore quel est le nom du pasteur », lui déclarai-je. Je retournai donc en arrière et demandait à Deppe : — « A propos, Herr Deppe, comment avez-vous dit que s'appelle le pasteur de ce village ? ». — « Kœhler », me répondit le cher Deppe très distinctement et avec tant de bonne foi que je me reprochai de m'être ainsi moquée de lui, car les autres, qui connaissaient ma malice, pouvaient à grand peine s'empêcher de rire...

Je me prépare depuis quelque temps à donner un concert de salon ici, à l'hôtel, et je pense qu'il aura lieu d'aujourd'hui en huit. Je me sens la tête très fatiguée ce qui est la conséquence, je suppose, d'avoir tant étudié et tant écouté. Je dois jouer un quintetto, op. 87 en *mi* majeur, de Hummel, pour piano et instruments à corde, et une sonate de Beethoven, op. 32 en *mi* bémol, pour piano et violon ; dans l'intervalle, les autres instruments joueront un quartette par Haydn. Je trouve que c'est un joli petit programme, chaque morceau étant parfait en son genre. Si je réussis à ce concert, ainsi que je l'espère, je me rendrai probablement aux instances de Deppe et resterai sous sa direction pendant une autre saison. Deppe dit qu'il faut passer par une série successive d'étapes avant d'être prêt à tenter l'organisation d'un grand concert, et j'ai découvert (ce qu'il a pris grand soin de ne pas me dire au commencement!), que son cours est de trois ans,... or, il n'existe aucun moyen de presser, ni lui, ni sa méthode, sous l'influence de laquelle les doigts doivent se développer. — Je suis loin de regretter de n'avoir pas encore joué dans un concert et je trouve, au contraire, que c'est providentiel. Nous avions, au début, vous le voyez, des idées impraticables et mêmes ridicules, car nous croyions que les choses pouvaient être vite menées à bonne fin, mais il faut avoir son but en vue pendant des années et y arriver par un travail progressif. La longueur du temps pour la préparation est la même, soit que vous commenciez enfant (ce qui est la meilleure et vraiment la seule bonne manière), soit que vous commenciez plus tard, à l'adolescence; c'est, ne nous en déplaise, dix ans de travail.

Pyrmont, le 15 août 1874.

J'ai donné mon concert hier, et Deppe a déclaré que c'est un succès complet. Je n'ai pas joué de solo bien que j'en aie préparé plusieurs, très beaux : mais Deppe craignait que le programme ne fût trop long et il n'était pas sûr de mon courage. « Vous vous émotionneriez, même si vous étiez une Déesse ! me disait-il. Eh bien, contrairement à mon habitude, je n'ai pas eu la moindre appréhension, et je crois que j'ai réussi aussi bien qu'on pouvait s'y attendre d'une créature aussi timide et tremblante que moi, vu surtout que mes mains sont deux petits démons qui ne veulent pas jouer, quoique je fasse. lorsqu'elles n'y sont pas disposées. Mon programme était à la Joachim ! — seulement trois morceaux de musique de chambre :

1. Quintette; op. 87, *mi* majeur....... Hummel
2. Quartette, *sol* majeur .... Haydn
3. Sonate pour piano et violon, op. 12
   mi bémol... .... Beethoven

Deppe avait tout arrangé d'une façon très pratique. Nous avions une grande salle, admirablement proportionnée, dans l'hôtel Brêmen, avec un piano à queue neuf, de Berlin. Deppe n'avait pas fait disposer plus de sièges qu'il n'y avait d'invitations, aussi on ne voyait pas des rangées de chaises vides. Mon « public » était composé de personnes très musiciennes et de fins critiques, aussi je me demande comment je n'ai pas été nerveuse devant d'aussi bons juges; il semble plutôt qu'une sorte d'inspiration m'ait favorisée.

Les musiciens qui m'accompagnaient étaient excellents, surtout pour un endroit tel que Pyrmont, et mon choix strictement *classique* a été bien accueilli par mon auditoire ! Le quintette de Hummel est une composition des plus charmantes, légère et élégante, qui permet de déployer beau-

coup de virtuosité, surtout dans la dernière partie.
J'ai joué le premier et le dernier morceau, le quartette qui se trouvait entre les deux n'était rendu
que par des instruments à cordes. Lorsque j'ai eu
fini de jouer le quintette, Deppe, qui était à l'autre
extrémité de la salle m'a fait dire que j'avais « parfaitement joué et qu'il était ravi ». Cela m'a encou-
ragée et aidée à bien exécuter ma sonate. A la fin
du concert beaucoup de personnes sont venues me
féliciter, entre autres Fraulein Timm, qui est
à Hambourg le principal professeur enseignant
d'après la méthode de Deppe et qui m'a complimentée sur mon « extraordinaire facilité d'exécution ». Je ne pouvais m'empêcher de rire en pensant à ma main entêtée qui ne veut jamais rien
faire et que l'étude la plus persévérante a seule
domptée, — mais je dois avouer que j'ai été surprise
de la facilité avec laquelle j'ai exécuté tous les passages difficiles ! Deux sœurs, originaires de l'ouest
de l'Amérique et charmantes, sont venues de Berlin
pour mon concert. Elles m'ont aidée à m'habiller et
m'ont offert un joli bouquet. L'une d'elles prend
des leçons avec Deppe, l'autre étudie le dessin
depuis deux ans à Berlin ; elle prétend qu'elle ne
fait que « commencer » et dit qu'elle étudiera

« indéfiniment ». Il faut qu'il en soit ainsi avec l'Art.

Après le concert, Deppe m'a offert un petit souper au champagne auquel asistaient Fraulein Timm, Steiniger et les deux américaines. Quand il a eu versé le vin il a proposé de porter un toast à deux dames dont l'une naturellement, était moi, et l'autre, a-t-il dit « est en Amérique : c'est une amie de Fraulein Fay que je crois une femme de génie d'après sa façon de ressentir et d'apprécier l'art et qui a si noblement sympathisé avec Fraulein Fay. — A Mrs A... dont je désire faire la connaissance! » Vous pensez que j'ai répondu à ce toast avec enthousiasme. Ah! quelle charmante soirée, après tant d'années de labeur infructueux! Le gros et joyeux propriétaire de l'hôtel est venu m'accompagner à la voiture et m'a dit que tout le monde avait exprimé sa satisfaction du concert. Je regrette presque, à présent, de ne pas avoir joué mes solos, mais peut-être vaut-il mieux que je les aie gardés pour une autre fois. J'ai, selon la comparaison de Deppe, « gravi une petite montagne » et je me suis fait une idée de l'impulsion qui est nécessaire pour « gravir les grandes ».

Pyrmont, le 4 septembre 1874.

Après l'exaltation inaccoutumée provoquée par le succès de mon petit concert, j'ai subi une réaction qui a été fortement déterminée par Fraulein Timm, avec qui j'étudie à présent. Elle est, à Hambourg, la collaboratrice de Deppe pour enseigner d'après sa méthode et, ainsi que le font la plupart des professeurs, elle a commencé par me plonger dans un découragement plus grand que d'ordinaire. Je n'ai donc pas été dans un état d'esprit très brillant tous ces temps-ci, mais ma gaîté naturelle revient peu à peu, car elle est difficile à détruire !

Fraulein Timm fait partie d'une confrérie laïque ; elle a l'âme fraîche et placide, le cerveau solide et un talent remarquable pour l'enseignement, chose qui la passionne. J'aime la voir porter ses lunettes, car elle paraît alors la personnification de la sagacité ! Depuis des années elle est, pour l'enseignement, associée à Deppe dont elle « garde et mûrit les préceptes dans son cœur ». Elle connait vraiment les idées de Deppe presque mieux que lui-même, et elle a pris sous sa direction le cercle d'élèves qu'il a laissés à Hambourg lorsqu'il est allé à Berlin. Deppe va voir, de temps en temps, comment ils travaillent, leur donne des leçons à tous, passe en revue ce qu'ils ont fait et apporte à Fraulein Timm, entièrement doigtés, tous les nouveaux morceaux qu'il a découverts. Elle-même va le voir à Berlin, en profite pour prendre une leçon avec lui tous les jours, pour s'imprégner d'idées neuves, puis retourne à son poste. Ce sont deux forts associés, et leur exemple pourrait fournir un argument sérieux à votre théorie d'après laquelle les hommes devraient associer les femmes à leur travail, les uns *créant*, les autres *perfectionnant*. Fraulein Timm et Fraulein Steiniger qui partagent étroitement les idées de Deppe, déploient toute leur habileté pour les communiquer à leurs élèves. Elles préparent les débutants pour Deppe, ce qui lui épargne beaucoup de travail technique et lui donne plus de liberté pour concentrer son talent dans les sphères supérieures de l'art. Je ne doute pas qu'elles ne réussissent à répandre sa méthode qui, grâce à elles, ne serait pas perdue, même si Deppe venait à mourir, et je m'étonne que le côté utile d'une association avec les femmes ne frappe pas plus souvent l'esprit masculin !

Je vais donc aller à Hambourg pour étudier pendant quelque temps avec Fraulein Timm qui, je

le crois, développera ma main plus vite même que ne
le ferait Deppe. Deppe m'a toujours engagée à faire
cela, mais je ne le voulais pas, car je ne désirais
pas le quitter et je ne connaissais pas Fraulein
Timm. A présent, cependant, je trouve qu'il a raison, ainsi que *toujours*! Fraulein Timm concentre
presque toute son attention sur mon poignet et.
en général, elle s'attache au résultat qu'elle veut
obtenir avec une obstination et une persévérance
qui vous rendent à moitié fou, mais qui vous font
apprendre beaucoup. Je me rends compte, de plus
en plus, que toutes mes déceptions de ces dernières
années, viennent de ce que j'ai le poignet raide et
le bras lourd. Je les ai mis trop à contribution tous
les deux, au lieu de laisser la force et la puissance
résider principalement dans les doigts. Le poignet
et le bras doivent être, en effet, parfaitement indépendants, et la main doit tourner sur le poignet
comme sur un pivot.

Hambourg, le 1ᵉʳ mars 1875.

Je voudrais pouvoir écrire une étude analytique
du système de Deppe, pour la publier, mais il est
fort difficile de donner une idée adéquate de sa

16.

méthode. Deppe était auparavant complètement enterré à Hambourg où l'art ne peut prendre aucun essor, et Fraulein Timm m'a dit que c'est comparativement récemment qu'il a amené sa méthode à son degré de perfection actuel. C'est ce qui explique qu'elle n'est pas très connue, mais je crois que Deppe a l'ambition de fonder une école qui pourrait servir de contre poids à celle d'aujourd'hui — ce serait un contraste analogue à celui de la *sculpture* avec la *peinture* !

Cet hiver j'ai surtout étudié de la musique de chambre, c'est-à-dire des trios, quartettes, etc., Je trouve que Fraulein Timm a, pour enseigner, un talent qui est devenu une science. Elle ne me fait rien jouer plus vite que *tempo* — le mouvement est toujours lent, lent, *lent*. Elle analyse chaque ton et m'explique quand et pourquoi le son n'est pas ce qu'il doit être car, la chose principale en jouant est de faire vibrer *l'âme* de la note, simplement en la touchant, ainsi que le font les grands maîtres. C'est là qu'est vraiment le plus grand art du pianiste et le public ébloui par des morceaux à effet brillant semble souvent l'oublier.

En ce moment je finis d'apprendre le troisième trio de Beethoven, op. 1. Le dernier motif est une fantaisie ravissante et me fait songer à un bocage rempli d'oiseaux, au printemps. Il vous semble d'abord entendre le caquetage, le gazouillement de petits moineaux, puis la note cadencée d'un oiseau sauvage et le sifflement, les appels d'autres oiseaux. On ne peut imaginer une meilleure imitation de la nature; c'est ravissant, si gai, si léger que tout ce chant semble vous être apporté sur le bord d'une aile. C'est, naturellement, excessivement difficile, ainsi que tout ce qui fait partie de cette musique classique, si pure, et qui ne produit d'effet que lorsqu'elle est interprétée avec la plus grande perfection. J'en raffole tant que lorsque je la joue, il me semble qu'elle me grise!

Beethoven a composé douze trios qui sont complètement différents les uns des autres, et Deppe veut que je les apprenne tous. Vous voyez quel travail il impose. C'est l'énorme quantité de choses, — trios, quartettes, quintettes, concertos, etc., — qu'il faut connaître pour posséder un répertoire qui exige tant de temps avant que l'on devienne enfin un artiste! Vous pouvez vous imaginer d'après cela les heures et les heures qu'il faut perdre en *études*, jusqu'à ce que la main réunisse toutes les conditions voulues pour jouer ces chefs-d'œuvre! La difficulté en est indescriptible et, lorsque je m'assieds au piano je me demande souvent en murmurant : « Quel est donc le démon qui m'a amenée ici ? » J'étudie toute la journée, je sors seulement un peu dans le courant de l'après-midi pour faire une promenade avec L.., puis le soir je tombe dans mon lit et dors comme une bûche... quand mon lit qui est si dur et ma chambre si froide ne m'en empêchent pas. Voilà ma vie, jour après jour, et comme société je ne vois que les personnes de la maison, à l'heure des repas.

CHAPITRE XIX

Réflexions. — Retour à Deppe.
Premier grand Concert. — Félicitations

Hambourg, dimanche de Pâques 1875.

Je me demande si, en principe. il est bon de
faire son éducation musicale avec un seul maître,
comme Fanny Warburg l'a fait. par exemple, car
mon expérience me démontre que tous les maîtres
sont capables de vous enseigner quelque chose,
mais qu'aucun ne peut vous enseigner tout. Si,
avec mes connaissances présentes. je devais recommencer mes études, je passerais d'abord trois ans
avec Deppe, afin de donner à l'esprit de la musique
qui, je l'espère, réside en moi, la forme extérieure
et la perfection d'une artiste. Ensuite, j'étudierais
pendant un an avec Kullak, pour parer mon jeu
d'un brillant *vêtement* de concert, et finalement, je
resterais pendant deux saisons avec Liszt, pour y
ajouter le plus de charme possible — car jamais,
jamais un artiste n'aura suivi un cours complet de

musique, sans avoir reçu l'enseignement de *Liszt*, (tant qu'il sera sur cette terre!) — L'ennui est qu'un maître se sent toujours blessé lorsqu'on le quitte pour un autre, car aucun ne veut admettre qu'il n'est pas capable de « tout donner ».

La vérité est que je deviens très impatiente d'être rentrée chez moi, afin d'étudier à ma guise, et de consacrer autant de temps que je le juge nécessaire à chacun de mes morceaux. Deppe et Fraulein Timm sont, sous ce rapport, comme Kullak; ils me font passer si rapidement d'une chose à une autre, qu'il m'est impossible de préparer un programme et j'ai été obligée d'abandonner, à cause de cela, mon projet de concert à Berlin ce printemps-ci. Ils ont une manière de voir, moi, j'en ai une autre, et je suis persuadée que je ne pourrai jouer en public que si je quitte les maîtres, et agis d'après mon initiative personnelle. Jamais deux personnes ne pensent absolument la même chose, et je crois que les maîtres peuvent vous mettre sur la route, mais qu'ils ne peuvent pas vous la faire parcourir. Ceci est votre affaire, et ainsi que le dit V... : « Si vous voulez faire une chose, il vous faut avoir la persévérance de la faire vous-même, sans vous arrêter! » Le jeu de concert est, comme toute autre

chose, une *routine*, et on doit s'y faire peu à peu
en ayant à enregistrer, parfois, plusieurs demi-
échecs. Mais si le « grand public » veut bien
éventuellement vous considérer pendant un temps
suffisant comme une élève, on peut réussir, et je
crois que ce « grand public » doit être à présent
mon seul maître !

Berlin, le 18 avril 1875.

Avant-hier, j'ai eu le plus grand plaisir à
prendre une autre leçon que je dois considérer,
je le suppose, comme la dernière avec Deppe.
Depuis que j'ai étudié avec Fraulein Timm. je
sais beaucoup mieux à quel but il tend, et la
technique semble se développer devant moi comme
un ruban. Hier, j'ai joué à Deppe une sonate de
Beethoven, et quand j'ai eu fini il m'a dit : « Dieu
fasse que vous puissiez me rester quelque temps
encore ! A présent. vous commencez à être mon
élève. » — Et, vraiment, il est dur de le
quitter après avoir étudié sa technique pendant si
longtemps avec Fraulein Timm et Steiniger !
Que je voudrais pouvoir rester indéfiniment, et me
consacrer à ses vues musicales. obtenir tout

l'avantage de ses idées belles et profondes. Il n'y a jamais eu un tel professeur! Quelle heureuse personne que cette Steiniger! Songez donc! Elle sait neuf concertos et peut en jouer un dans un concert à n'importe quel moment. Voilà l'espèce de répertoire que Deppe donne à ses élèves — répertoire si complet en tous genres. Il connait tout ce qui a été écrit pour le piano et découvre continuellement quelque perle nouvelle ou vieille, pour vous surprendre.

Je crois que Deppe est plus connu à Berlin cette année qu'auparavant. Il vient de diriger un nouvel opéra qui a produit une grande sensation, et il est continuellement occupé par quelque grand travail. Heureusement que je l'ai trouvé au bon moment, car il prend moins d'élèves que jamais. Il dit qu'il ne peut pas enseigner à ceux qui ne lui sont pas sympathiques. L'autre jour, il a offert une belle ouverture de sa composition au duc de Mecklembourg qui lui a envoyé une épingle exquise en témoignage de reconnaissance. Quand le simple petit Deppe l'aura piquée dans sa cravate, il sera un véritable snob!

Maintenant, il faut que je vous annonce quelque chose de nouveau! Je suis allée faire visite un soir de la semaine dernière à mon professeur de français, Mademoiselle D... et j'ai joué devant elle et une de ses amies qui est très musicienne et qui donne des leçons. Cette dernière a de suite déclaré que je « devrais être entendue dans un concert. » Son frère est directeur de la Société Philharmonique à Francfort-sur-Oder, petite ville pas éloignée d'ici. Qu'a-t-elle fait, elle lui a écrit à mon sujet, et lui, a immédiatement répondu pour me dire d'aller jouer à un concert Philharmonique dans la première semaine de mai. Comme j'ai toujours tant désiré jouer dans un concert avant de quitter l'Allemagne, et n'en ai pas encore vu le moyen, j'ai accepté avec enthousiasme, et je suis on ne peut plus reconnaissante à sa sœur d'avoir pensé à cela. C'est toujours l'Imprévu qui vous aide!

Berlin, le 13 mai 1875.

Eh bien, ma chère, mon petit début a été un véritable succès, j'ai été chaleureusement applaudie après chaque morceau, et en plus, j'ai eu un « bis ». Je suis allée à Francfort lundi matin, et quand je suis arrivée, Herr Oertling, le directeur de la Philarmonique était à m'attendre à la gare avec une voiture. Nous sommes allés au « Deutches Haus », un excellent hôtel où l'on m'a installée dans une chambre grande et confortable. J'y suis restée jusqu'à l'heure du dîner, et après le dîner, vers cinq heures, Herr Oertling est revenu. Il m'a conduite chez un de ses amis où nous avons répété notre sonate. Dès que Oertling a eu touché son violon, j'ai vu que c'était un artiste supérieur, et cela m'a immédiatement inspirée ; son jeu m'entraînait et je crois que le mien était bon. En tout cas, il a paru satisfait et m'a dit : « Nous aurions pu jouer cette sonate sans la répéter. » Après la sonate j'ai joué pendant une heure environ, toutes sortes de choses. Il y avait un certain nombre de personnes présentes et Herr W..., le propriétaire du piano, qui est un juge remarquable en musique, m'a fait quelques critiques excellentes accompagnées de quelques bonnes suggestions. Nous sommes restés là pour souper, mais je suis retournée de bonne heure à l'hôtel, et, vers neuf heures et demie j'étais au lit et j'ai dormi profondément jusqu'à huit heures du matin.

Après le déjeuner, Oertling est venu me chercher pour me conduire chez un célèbre fabricant de pianos et essayer ses pianos droits. Le nom de ce

fabricant est Gruss, et ses pianos droits sont les
meilleurs que j'aie vus, ils ont les sons presque
aussi forts qu'un piano à queue, avec un ton superbe. Il y avait, sur le mur, un témoignage de
Henselt, encadré. Il paraît que Henselt va tous les
ans à Francfort faire visite à une dame russe
qui est le personnage de l'endroit et une
grande patronesse des artistes. L'après-midi,
Oertling est revenu me chercher pour que nous
allions répéter nos morceaux dans la salle de concert. Nous les avons tous bien joués et je suis rentrée à l'hôtel en bonnes dispositions. Puis, je me
suis habillée pour le concert qui devait commencer à sept heures, et Oertling a de nouveau
fait son apparition, cette fois en costume de
soirée, et m'a offert un bouquet. Nous nous
rendîmes en voiture à la salle de concert sous une
pluie battante. Malgré cela, la salle était comble,
car Oertling avait eu l'aplomb d'imprimer que le
concert devrait être « très brillant, grâce au concours d'une virtuose américaine appelée Miss Amy
Fay. Cette jeune dame a étudié avec les plus grands
maitres et a remporté partout le succès le plus
complet dans ses tournées de concerts ! » Le croiriez-
vous ? — Pouvez-vous vous imaginer ce que j'ai

ressenti en lisant cela et en voyant qu'on s'attendait à ce que je joue comme si j'avais été toute ma vie sur la scène !

Oertling avait judicieusement composé le programme. Nous avions notre sonate pour le début, de sorte que je m'y suis plongée sans avoir le temps d'attendre ou de trembler. Puis sont venus deux morceaux exécutés par l'orchestre, ensuite mes trois solos à la suite l'un de l'autre et une symphonie de Haydn a terminé le programme. La sonate a passé tout doucement. Dans mon premier solo j'ai bien manqué quelques notes, mais j'ai joué mon second sans lapsus et à mon troisième — Étude de Chopin en sixtes — on a crié *bis*, bien que j'aie joué le tempo trop vite. Malgré cela, Frau Excellence von X., a dit qu'elle avait souvent entendu Henselt la jouer et que je la rendais « aussi bien que lui ». C'est fort exagéré, naturellement, mais pas mauvais comme compliment ! Tout le monde disait : « Quel dommage que Henselt ne soit pas ici ! » et je me disais, moi : « Quelle chance ! » bien que je donnerais beaucoup pour le voir, car c'est le plus grand pianiste virtuose du monde, après Liszt.

Le concert terminé, Oertling et quelques-uns des

musiciens m'ont accompagnée à l'hôtel où il m'a
fallu me mettre à table et l'on a bu du champagne
à ma santé, jusqu'à deux heures du matin ! Car
vous savez que lorsque les allemands ont commencé
à trinquer, il n'y a plus de fin. On a bu non seulement à ma santé, mais à mon retour à la Philharmonique, la saison prochaine, à nos fréquentes
réunions, etc., etc. Il m'a fallu répondre, aussi j'ai
porté un toast au directeur, un autre au fabricant
de pianos, à l'orchestre, et que sais-je? Enfin j'ai
pu me retirer dans ma chambre, et dans la matinée je suis repartie pour Berlin; j'arrivai à la
maison à l'heure du dîner et aussitôt que je parus
tout le monde me salua par des applaudissements.
J'ai trouvé que c'était charmant comme *finale*!

Je traduis pour vous la critique de la *Frankforter
Zeitung und Allgemeiner Anzeiger* du 11 mai, Herr
Oertling me l'a envoyée hier.

« Le concert Philharmonique qui a eu lieu vendredi soir doit être, pour le public, une excellente
recommandation des membres actifs de l'association, car non seulement le jeu de la pianiste Fraulein Amy Fay a procuré un grand plaisir à ceux
qui aiment la musique et la comprennent, mais on
n'a pu relever aucune faute dans l'interprétation

de l'orchestre..... Quant à l'exécution de Fraulein Fay, l'artiste nous a également charmés par sa touche claire et sûre, et par sa juste conception des différents solos qu'elle a joués. Le concert a commencé par la sonate en *mi* bémol majeur de Beethoven pour piano et violon. L'effet en a été satisfaisant et a éveillé la sympathie en montrant une interprétation soignée. Mais la beauté de la conception musicale de l'artiste s'est surtout révélée d'une façon évidente dans le *capriccio* de Raff et dans le *zur Guitarre* de Hiller, qui a été redemandé par l'auditoire et que nous avons ainsi entendu une seconde fois. Nous ne pouvons que féliciter Herr Ludwig Deppe, de Berlin, le professeur d'une telle élève! »

(Ici prend fin le livre d'Amy Fay).

POST-FACE

Deux semaines après ce concert, la personne à laquelle la plupart des lettres précédentes étaient adressées, rejoignit leur signataire à Berlin. Au mois de septembre suivant, après une absence de six ans, Miss Amy Fay retourna en Amérique.

Miss Amy Fay a poursuivi sa carrière musicale aux Etats-Unis, où elle s'est fait apprécier comme professeur et comme exécutante dans les concerts. Nous reproduisons quelques-unes des principales notices parues sur elle dans différents journaux américains.

Les causeries musicales de Miss Amy Fay à Hershey Hall, dont nous avons déjà eu trois, sont une innovation charmante ajoutée à l'agrément des concerts de notre ville. Miss Amy Fay a une telle réputation de musicienne accomplie, que c'est un plaisir rare de l'entendre, et quand elle fait précéder les morceaux qu'elle a l'intention de jouer, d'une courte description et explication on l'écoute toujours avec un intérêt croissant. Les auditeurs l'ont beaucoup félicitée et la note suivante, reçue après le premier concert de « l'apôtre de l'Idéal » (professeur Swing, de Chicago) exprime parfaitement les sentiments de ceux qui ont assisté à ses concerts.

Chicago, 3 mars 1883.

Miss Amy Fay, — Je désire vous adresser quelques lignes avant que le temps ait pu affaiblir mon impression de profonde satisfaction, car pendant l'heure passée à Hershey Hall, cet après-midi, il m'a été donné d'entendre une belle musique, exécutée avec une maëstria et un enthousiasme qui gagnaient les cœurs.

Avec de nombreux remerciements, et une grande admiration pour votre habileté et votre goût artistique, croyez-moi, etc.

DAVID SWING.
(Chicago Evening Journal).

Miss Amy Fay nous a prouvé son talent exceptionnel en ayant le courage et l'habileté de jouer sans musique toutes les compositions qu'elle nous a fait entendre. Son exécution révèle un esprit artistique très développé et le don d'apprécier ainsi que de comprendre les meilleures productions des principaux auteurs. Le « Nocturne de Field » a été rendu avec égalité et douceur et la « Romance de Dreyshock » avec autant de brillant que possible. La musique de Liszt avec ses accents sauvages, semble surtout convenir aux facultés artistiques de Miss Fay, aussi est-ce dans son interprétation qu'elle triomphe.

(Boston Daily Advertiser).

Malgré le nombre de concerts de la saison passée, une grande affluence d'auditeurs s'est pressée hier l'après-midi au Chickering Hall pour assister aux « Causeries Musicales » de Miss Amy Fay. Miss Fay est une pianiste de talent connue et l'auteur du charmant volume : « Music Study in Germany ». Les « Causeries Musicales » nous offrent un genre unique de distraction. Le premier numéro de son programme était la sonate en *sol* mineur de Schumann à laquelle elle a donné comme préface

une courte esquisse de la composition et un portrait du compositeur. Gracieuse dans son attitude,
ses causeries sont simples et peu longues. Elle a su
jouer avec intelligence et art la belle œuvre de
Schumann, et ensuite une série de compositions
plus courtes de Rubinstein, Liszt, Mendelssohn,
Chopin et Brahms dans lesquelles elle a peut-être
charmé encore davantage.

(*New-York World*).

La Causerie Musicale donnée par Miss Amy Fay,
mardi soir, au Smith et Nixon's Hall, devant un
auditoire nombreux, est un attrait musical nouveau et agréable qui complète ceux dont nous
sommes favorisés. Miss Fay n'est pas seulement
une musicienne accomplie, elle a trouvé le moyen de
rompre la monotonie d'un concert, dont le piano est
l'unique élément, par une causerie familière et
charmante. Elle décrit la composition qu'elle doit
jouer et fait une description intéressante du compositeur. Pour débuter, hier soir, elle a commencé
par tracer un portrait de Bach et s'est acquis, par
ses gracieuses manières et son intelligence du sujet,
la sympathie de son auditoire, avant même de commencer à jouer. Elle a suivi cette méthode pour

chaque compositeur, le présentant à son public en formulant des appréciations fort logiques et spirituelles. L'auditoire s'attendait à une bonne exécution et Miss Fay a dépassé cette attente, provoquant à la fois de la surprise et du ravissement, aussi a-t-elle reçu un digne tribut d'applaudissements fortement renouvelés après chaque numéro du programme.

(Cincinnati Commercial Gazette).

PARIS. — Typ. CHANTENAY, 15, rue de l'Abbé-Grégoire.